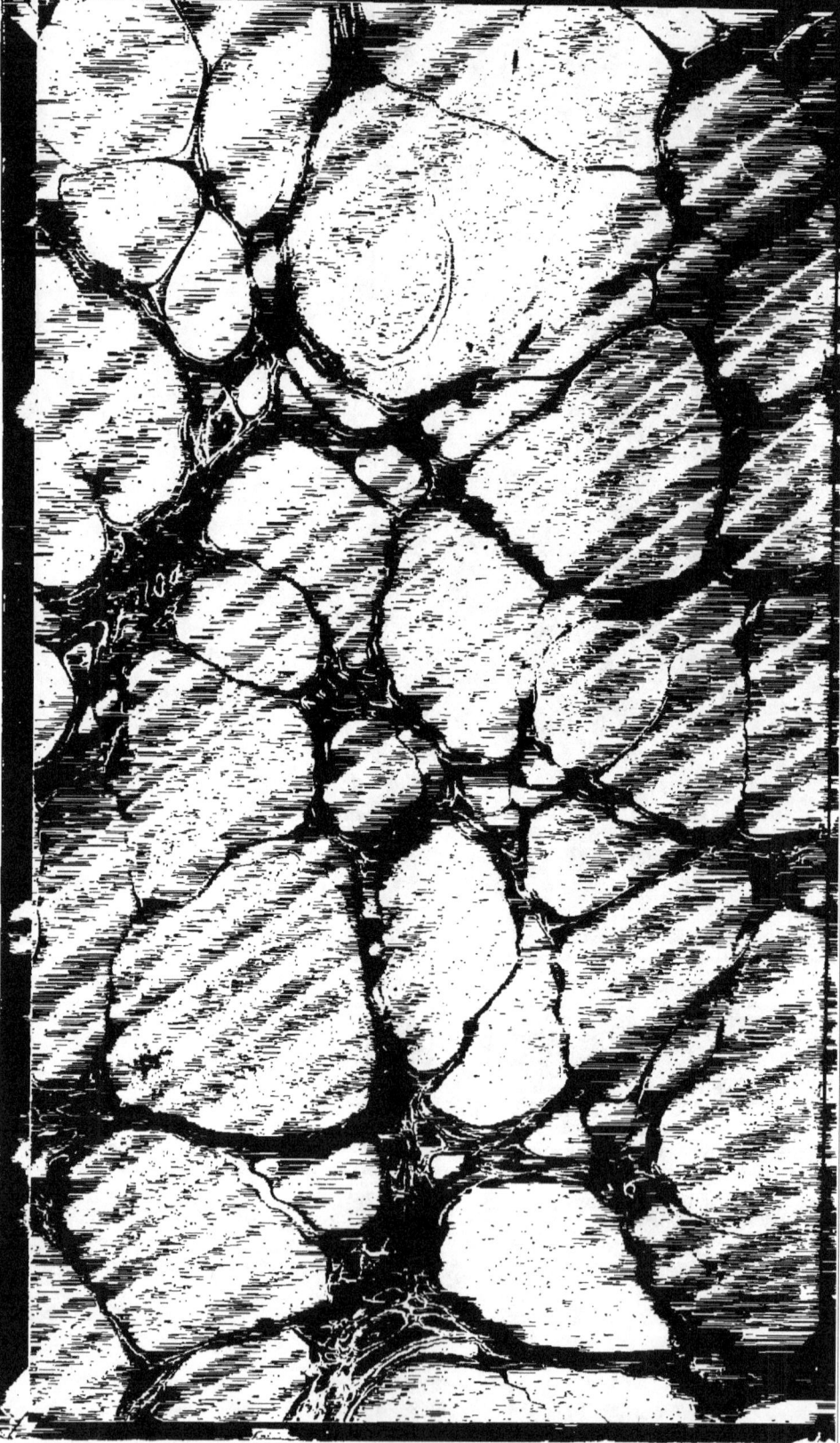

LK7 332

HISTOIRE D'ANSE.

HISTOIRE D'ANSE

(ASA PAULINI),

ET QUELQUES MOTS

SUR PLUSIEURS VILLES ET VILLAGES ENVIRONNANTS,

par Yves Serrand.

A M. LE BARON DE POLINIÈRE,

Ancien médecin de l'Hôtel-Dieu et de l'hospice de la Charité de Lyon, administrateur des hôpitaux, président de l'Académie.

SOUVENIR DE RESPECT ET DE RECONNAISSANCE.

VILLEFRANCHE,

IMPRIMERIE DE LÉON PINET, RUE DE LA SOUS-PRÉFECTURE, 4.

1845.

AVANT-PROPOS.

Dans ce siècle de papier, ainsi qu'on le nomme, j'ai comme tant d'autres été atteint de la maladie qui semble régner épidémiquement ; car, sans m'en douter, dans mes moments de loisirs, j'ai écrit un livre ! et, j'ose même le livrer à la publicité.

Après avoir mesuré mes faibles forces, j'ai longtemps hésité ; cependant, quelques personnes ayant cru, sans doute, apercevoir dans cet écrit un but quelque peu utile, j'ai cru devoir céder à leurs obligeantes sollicitations.

Depuis plus de dix ans que j'habite cette contrée, je l'ai souvent parcourue en tout sens, étudiée de très près, et j'ai recueilli des renseignements sur tant d'évènements, légendes, etc., etc., qui sans cela, seraient peut-être restés ignorés.

Je n'ai certainement pas la prétention d'avoir tout dit sur le canton d'Anse, dont on s'était peu occupé jusqu'à ce jour, où sont de véritables mines fécondes, dans lesquelles les numismates et les archéologues feront fréquemment de précieuses découvertes. C'est ainsi que, dans les routes peu frayées, de vives jouissances sont ressenties.

Je reconnais très bien les nombreuses et imperfections qui fourmillent dans ce livre ; aussi, ai-je eu soin de n'en faire tirer qu'un très petit nombre d'exemplaires. Je suis donc bien loin d'avoir la prétention de me poser comme un homme de lettres, je sais trop, que je ne suis qu'un infime et obscur écrivain.

Néanmoins, je me suis surtout appliqué à ne pas ennuyer par de trop longues dissertations ; si ce n'est, peut-être, en commençant, lorsque je parle du séjour des Romains dans les Gaules, ce qui fera répéter à plusieurs :

« Qui nous débarrassera des Grecs et des Romains ? »

Je répondrai que ce sont des amis de collége avec lesquels on aime tant à jaser, quand on les retrouve, qu'on voudra bien me le pardonner.

Pour ne pas m'écarter du cadre que je me suis tracé, j'ai, de plus, traité tant de questions, si peu étudiées par moi, que sans le vouloir, j'aurai encouru le blâme des véritables connaisseurs, qui pourront bien me dire encore :

« Soyez plutôt maçon, si c'est votre métier. »

Quoi qu'il en soit, c'est avec la plus grande indépendance et animé des meilleures intentions, que dans tout le cours de cet ouvrage j'ai émis ma manière de voir.

Cependant, jamais je n'ai eu la moindre velléité d'offenser personne ; mais, dût la vérité être importune, je n'en ai pas moins crié haut contre certains faits historiques, abus, coutumes barbares, etc., etc.

Mon but serait doublement atteint, si je fournissais, par là, quelques matériaux à l'étude de l'histoire de cette contrée.

Je remercie vivement les personnes qui m'ont aidées de leurs conseils (1).

Malheureusement, par le temps qui court, l'indépendance a ses dangers ; et, comme tous

(1) Je dois, surtout, désigner ici M. Prémillieux notaire à Anse.

les sceptres, celui de la critique est environné de périls. Il faut être juste ou complaisant, j'ai choisi.

CHAPITRE PREMIER.

ORIGINE D'ANSE. — JULES CÉSAR FAIT LA GUERRE A LA GAULE CHEVELUE. — IL FAIT CONSTRUIRE UN CAMP FORTIFIÉ. — DESCRIPTION DES FORTIFICATIONS ROMAINES. — REMPARTS DU MOYEN-AGE PLACÉS AUTOUR DE LA VILLE. — ÉDIT DE LOUIS XIV CONCERNANT LES REMPARTS. — SUITE DE LA GUERRE DES GAULES. — PERFIDIE DU TRAITRE AMBIORIX. — CHATIMENT TERRIBLE. — BONA PATRIA, MALA GENS. BON PAYS, MAUVAISES GENS.

Anse, ANTIUM, *Asa Paulini* (1), ville très ancienne, dans l'arrondissement de Villefranche, située au confluent de l'Azergues, non loin des bords de la Saône, sur la route de Paris à Lyon par la Bourgogne, rapprochée de plusieurs centres de consommation, possède un terrain riche et très fertile, aussi dit-on :

« d'Anse à Villefranche, la plus belle lieue de France. »

Comme le fait observer le président de Bellièvre, dont la science est fort vantée, cette ville est non seulement célèbre dans l'histoire ecclésias-

---

(1) Moreri, Baudrand, etc. Ce dernier dans son *dict. géogr.*, dit que le camp s'appelait *Antium* et la ville *Asa Paulini*. *Asa*, est synonime d'*Ara*. Témoin ce fragment d'une ancienne loi (Aulugelle *noct. attic.*, liv. 3) : *pelex asam Junonis ne tagito; si taget Junoni crinibus demissis arum fœminam caidito.*

tique du moyen-âge, mais plus encore par ses rares et précieuses antiquités, qui sont des preuves non équivoques, que les Romains ont longtemps séjourné dans cette contrée (1).

En effet, chaque jour amène de nouvelles découvertes : c'est ainsi qu'à la fin de 1844, un agriculteur en minant une portion de terrain à la *Grange du Biez*, ferme très rapprochée d'Anse, aperçut un pavé antique couvert de riches dessins. La curiosité des archéologues fût alors vivement excitée, et on put bientôt contempler ce qui restait d'une belle mosaïque de l'art galloromain. Quoiqu'il en reste à peine le tiers, elle présente encore une superficie de 9 mètres sur 4. Elle était donc d'une très grande dimension, les dessins très variés ne présentent nul emblême de l'art chrétien.

Dulaure, dans *son histoire du grand Châtelet*, dit que tous les édifices dont l'origine est douteuse, sont attribués à Jules César ou à Satan. Il n'en est pas moins vrai que, d'après les géographes les plus distingués, la ville d'Anse occupe la place d'une ancienne Mansion ro-

---

(2) Le président de Bellièvre qui compare cette ville à l'anse d'un vase : *nam quemadmodum ansis seu manubriis tenetur vasa*, dit aussi : *Ansa oppidum, in quo adhuc visuntur reliquia murorum aperte testantium locum fuisse apud antiquos insignem* (1).

(1) Manuscrit qui porte le titre de LUGDUNUM PRISCUM : il renferme de nombreuses inscriptions ; c'est la bibliothèque de Montpellier qui le possède ; l'académie de Lyon en a une copie léguée par M. Artaud.

maine (1), élevée par les anciens maîtres du monde. Il est probable que la ville dont nous nous proposons de faire l'histoire, fût fondée par le grand conquérant.

On sait à n'en pas douter, qu'il mit dix ans à conquérir la Gaule chevelue (2), (ainsi nommée à cause des longues chevelures de ses habitants *comata* (3). Elle était divisée en Belgique, Celtique et Aquitanique : comme César était resté si longtemps à s'en rendre maître, et qu'après cela, sa soumission fut sincère, et sa fidélité inviolable, elle fut appelée Gaule de Jules César. Il fit y un camp solidement fortifié dont il reste encore aujourd'hui tant de vestiges.

On peut en quelque sorte affirmer qu'Asa Paulini, cette ancienne cité romaine, fut le point central entre Vienne et Mâcon (Mastica). Auguste, d'après quelques historiens et surtout la chronique locale bien établie, y eut un palais. Enfin la ville de Lyon s'étant prodigieusement développée, puisque dans la carte de Peutinger

(1) Mansion, lieu marqué, où les légions et les empereurs eux-mêmes trouvaient préparés tout ce dont ils avaient besoin.

(2) Comme on le voit dans une harangue de l'empereur Claude au sénat romain.

(3) Ainsi expliqué dans un manuscrit ayant pour titre : *Histoire sur le Beaujolais et les Dombes*. Ce manuscrit attribué à Pierre Louvet, se trouve à la bibliothèque de la ville de Lyon. Il traite avec les plus grands détails tout ce qui concerne l'ancien Beaujolais.

elle est appelée *caput Galliarum*, aussi devint-elle le point d'intersection des quatre routes militaires ouvertes dans notre Gaule par Agrippa (1), gendre de César Auguste. Asa Paulini (Anse), comme on le voit dans l'itinéraire d'Antonin, était une station romaine. Dans le tableau que je mets ici de *Lugdunum* (Lyon) jusqu'à Mastico (Mâcon), il sera facile de s'en convaincre (2).

LVGDVNO
ASA PAVLINI. M. P. XV. LEVCAS X (3).
LVNNA (4).   M. P. XV. LEVCAS X
MASTICONE   M. P. XV. LEVCAS X.

Sans m'arrêter, autant que possible, aux opinions plus ou moins erronées des commenta-

---

(1) Strabon, rer. geogr., iv, 208.

(2) Vet. roman., ed. Wesseling, p. 359.

(3) Distances évaluées en mille et en lieues gauloises.

(4) La position de Lunna ou Ludna, comme porte la carte de Peutinger, est demeurée tout-à-fait incertaine. Quelques-uns ont voulu que ce fût Beaujeu, ce qui supposerait un bien long détour dans la montagne, et ne répondrait pas aux distances indiquées. D'autres l'ont placé à Lurcy, faisant passer la route sur la rive gauche de la Saône, car ce village est dans la Bresse. Il en est enfin qui de Lunna ont fait Cluny, ce qui est pis encore. Je ne sais si on a pensé à Lugny, village du Mâconnais : c'est le lieu qui offrirait la plus grande analogie de nom, s'il n'était pas au-delà de Mâcon, et beaucoup trop distant d'Anse. D'Anville (op. laud.) a dit fort sensément que, après avoir soupçonné l'emplacement de Lunna à Belleville, il pensait que cette station peut être placée plus convenablement vers les confins du Beaujolais et du Mâconnais. (H. Greppo, Rev. Lyon. 83e. livraison).

teurs de l'histoire des temps reculés, je m'attacherai à relater ce qui semblera rentrer de plus près dans le sujet que je me propose de traiter. Comme il est certain que les Romains n'ont point passés inaperçus dans ce pays soumis à leur domination; je ne puis donc là dessus me dispenser d'entrer dans quelques détails.

Les historiens distinguent dans les Gaules trois sortes de villes : 1.° celles construites par les Gaulois, qui datent de si loin, que leur fondation va se perdre dans les ténèbres de l'antiquité la plus reculée, comme Autun, Vienne, Arles, etc. ; 2.° celles que les Grecs élevèrent six siècles au moins avant la conquête des Gaules par Jules César ; Antibes, Nice, Marseille, etc. ; 3.° celles que les Romains bâtirent, dont l'origine remonte au dernier siècle de la république : une des plus anciennes sans doute est Asa Paulini.

Ce fut dans le premier siècle de l'empire que Valence, Orange, Aix, Narbonne, etc., furent fondées par les nombreuses colonies que les Romains envoyaient de toutes parts pour affermir et étendre leur domination.

Jules César entreprit la guerre des Gaules 58 ans avant Jésus-Christ; et s'il faut en croire tous les historiens, avec cinq légions, en moins de dix ans, il prit d'assaut plus de huit cents villes, dompta trois cents nations, et combattit en diverses fois, en bataille rangée, contre trois millions d'ennemis, dont il tailla en pièces un million et fit un million de prisonniers ; termina en une seule campagne deux grandes guerres, et remplit de morts les fleuves et les étangs.

On est tout stupéfait quand on songe à tant de travaux exécutés par un seul homme, qui s'est vu en présence de tant d'intrépides chefs des Gaulois, surtout du vaillant et infortuné Vercingentorix. L'étonnement augmente, quand on nous apprend que César était d'un tempéramment très-frêle, grêle de corps, d'une chair blanche et molle, souvent travaillé de grands maux de tête et sujet au mal caduc (1). Mais sa volonté ferme, inébranlable, et surtout cet ardent désir de gloire dont il était enflammé, suppléaient à la faiblesse de sa constitution et lui faisaient surmonter tous les obstacles. Cet homme extraordinaire, savait très bien parer à tant d'inconvénients. Simple et frugal, il endurcissait son corps à toutes les fatigues, et cherchait dans la guerre un remède à ses indispositions. Il possédait toutes les qualités qui distinguent les hommes ; s'oubliant souvent pour s'occuper des autres. Je répèterai qu'un jour surpris par une pluie battante et de longue durée, forcé de chercher un refuge dans une pauvre cabane pouvant à peine suffire pour un seul, il dit : *les*

---

(1) Il tomba pour la première fois du mal caduc à Cordoue en Espagne, comme le rapporte Plutarque.

lieux les plus honorables, il faut les céder aux plus grands, et les plus nécessaires aux malades. Un des siens qui était incommodé coucha dans la seule chambre qui exista, tandis que lui et sa suite passèrent la nuit à la porte, sous un hangar.

C'est dans la première guerre des Gaules, qu'il inventa une sorte de chiffre fort nouveau pour communiquer par lettres avec ses principaux officiers, en mettant toujours la lettre de l'alphabet qui était la quatrième, c'est-à-dire la troisième après celle que le mot demandait, par exemple : au lieu d'un *a* il mettait un *d*, et au lieu d'un *d* un *g* et ainsi de suite (1).

Mais les habitants de la Gaule chevelue après avoir pris une détermination vraiment désespérée, brûlèrent leurs douze villes et quatre cents villages ; formèrent la résolution de passer dans les provinces Romaines, voulant imiter les Cimbres et les Teutons, pouvant très-bien se comparer à eux, soit par le nombre, soit par l'audace. César n'est pas plutôt informé de leur projet, qu'il confie à Labienus la garde du retranchement qu'il avait formé depuis le lac de Genève jusqu'au mont Jura, et avec trois légions il va attaquer les barbares comme ils passaient la Saône, en tue un grand nombre.

César prend ensuite le chemin de Bribracte (2), les Barbares le surprennent ; il

(1) Suét. 56.
(2) Autun.

range ses troupes en bataille, refuse même de monter à cheval afin de rendre le péril égal, voulant s'en servir après la victoire pour poursuivre l'ennemi ; chacun imite son exemple, et l'action s'engage. Ce combat fut long et sanglant, couvrit la terre de morts et de blessés.

Les Chevelus s'empressent de se rallier derrière leurs retranchements, la lutte devient terrible ; ce n'est qu'après des efforts inouis que les Romains parvinrent à s'en rendre maîtres ; car les femmes et les enfants montés sur des chariots avec lesquels ils avaient remparé leur camp, s'obstinaient à se défendre jusqu'au dernier soupir, se faisaient tailler en pièces, de telle sorte que le combat commencé vers la septième heure du jour, ne finit que vers le milieu de la nuit.

On trouva dans le camp des Gaulois en lettres grecques le nombre des combattants, celui des femmes, des vieillards et des enfants, formant trois cent soixante-huit mille personnes. Après ce grand combat qui fut suivi d'une si belle victoire, et qui eut lieu dans ces plaines fertiles qui bordent la rive droite de la Saône, César voulant profiter des succès obtenus dans une aussi grande guerre, réunit les Barbares échappés de la bataille, au nombre de plus de cent vingt mille, et comme il craignait que les peuples de la Germanie ne passassent le Rhin, et n'allassent se fixer dans un si bon pays sans habitants, il les obligea de reconstruire leurs villes qu'ils avaient incendiées, leur promit que s'ils voulaient se soumettre aux Romains, il serait leur protecteur.

César avait formé le projet de soumettre tous les peuples de la Gaule ; mais il ne quitta point ce pays sans assurer sa conquête, il y fit construire un camp de fortification auquel il donna le nom d'*Antium* (1). Il profita pour cela des ruines qui couvraient de toutes parts le sol. Ce pays avant cette grande guerre était très-peuplé ; partout on voyait des villes et des villages ; aussi ne soyons pas étonnés, lorsque l'on fouille la terre à une certaine profondeur surtout depuis Chazay jusqu'à Villefranche, si on rencontre presque partout une couche de terre rougeâtre, des cendres, du charbon, des ruines, des colonnes, des bronzes, des médailles de tous les temps et de tous les règnes, des boucliers, des débris de villes, de temples, de splendides demeures. La guerre, la guerre horrible a tout détruit et porté de toutes parts la désolation. A cette époque parut un homme étonnant, Licinius (2), affranchi de Jules César. Ayant su s'élever aux plus hauts emplois ; il se

(1) Quelques historiens prétendent que César mit son camp sous la protection d'*Antium*, déesse de la fortune.

(2) Licinius, d'autres le nomment Lucinius, chargé de percevoir les impôts, avait augmenté l'année de 2 mois. Lucenay, Mont-Lusin et Lissieux, dérivent de cet homme vraiment extraordinaire, dont il sera question dans la suite de cette histoire.

fit construire une demeure splendide au lieu même où il reçut le jour, précisément où commencent les montagnes de Tarare, non loin des bords de la Saône. Il est probable que les vestiges récemment découverte à la grange du Biez entre Anse et Lucenay, et où existe une si belle mosaïque, en sont peut-être les ruines : les fouilles qu'on se propose de faire, éclaireront tous les doutes (1).

Les matériaux qui furent employés à la construction du camp d'Antium, avaient appartenu à des édifices qui remontaient à la plus haute antiquité. En voici une preuve : un propriétaire de cette ville, détruisit, il y a à peine trente années, un des bastions des remparts, et fit découvrir plusieurs pierres ayant des inscriptions ; mais on doit déplorer comme une grande perte, que la mine employée à cette destruction les ait dispersées au loin : l'une d'elles très-remarquable, devait sortir d'un temple dédié à une divinité du paganisme. Elle fut dans le temps recueillie par les soins de M. C....., on y lisait très-bien ces mots :

. . . . *ODIIS TERJ.* . . .
. . . *VMPSIT PRO.* . . . .
. . *TEMPLVM JV.* . . . . .

(1) La mosaïque dont il a déjà été question au commencement de cette histoire, fut découverte le 24 décembre 1843 par le sieur Rivoire, propriétaire du champ où elle est encore aujourd'hui.

On put retirer intacte une pierre ayant 66 centimètres de long sur 40 de large. On y voyait une figure représentant un dieu de la fable ; c'était Bacchus couronné de pampre. Il n'y a pas bien longtemps que j'ai vu cette pierre très-curieuse chez le propriétaire de l'auberge de la Tête Noire, qui doit encore la posséder.

Voici d'après les vestiges qui existent encore, ce que devait être le camp si solidement fortifié. Qu'on se figure un carré oblong ayant à peu près 150 mètres de long sur 110 de large, entouré d'un mur d'enceinte, ayant encore dans beaucoup d'endroits 9 mètres de hauteur sur une largeur de 2 mètres 60 centimètres à la partie supérieure, et à sa base 3 mètres 60 centimètres. La hauteur actuelle n'est point celle qui existait primitivement, car le terrein, depuis bientôt dix-neuf siècles s'est considérablement élevé, d'après cette tendance à descendre toujours dans les parties les plus déclives, et surtout par les inondations successives qui laissent sur les lieux où elles s'étendent une couche de terre ou de limon. C'est ainsi que l'église d'Ainay à Lyon, construite avec les restes du temple d'Auguste plusieurs siècles après les constructions romaines que j'essaie de décrire, était jadis élevée de dix pieds au-dessus du sol, tandis qu'il y a aujourd'hui six marches pour descendre dans ce temple.

Si on fouille autour des remparts même à plus de 8 mètres de profondeur, on rencontre le mur avec ses parements identiques à ceux qui sortent de terre; on comprend sans peine que leur élévation a dû être dans certains endroits, au moins de 15 mètres.

Le ciment offre un corps tellement dur, qu'il n'existe pas de pierre qui ait une semblable solidité ; il peut impunément braver le temps qui détruit tout ; il résiste aux dégradations qu'on cherche sans cesse à lui faire subir ; il faut de toute nécessité employer la mine pour le détruire, autrement ce serait très-long et très-dispendieux, fort heureusement ; car sans cela il n'existerait plus de traces de ces monuments anciens qui malgré dix-neuf cents ans d'existence et les éléments destructeurs, seraient sans doute parvenus presque intacts jusqu'à nous, sans l'acharnement et l'ardeur qu'on met à les renverser.

Le ciment employé à ces constructions, est un composé de gravier, de chaux vive et de brique écrasée. Les Romains lorsqu'ils bâtissaient leurs murailles, faisaient d'abord un encaissement que l'on peut comparer, toute chose égale d'ailleurs, à ceux employés de nos jours pour construire des murs en pisé, de chaque côté ils élevaient cette partie du mur qui devait paraître en dehors et dont les pierres étaient toutes posées d'une manière très-régulière, la plupart ayant au plus 15 centimètres de côté, la longueur seule varie, le tout en vue d'une plus grande solidité. Une fois les parements faits, ils jetaient pêle-mêle la chaux vive, les pierres, les briques pilées et le gravier, et à 1 mètre 60 centimètres de distance en distance, ils plaçaient horizontalement une rangée de briques fortes et larges jusqu'au niveau des parements, sur laquelle ils mettaient une couche de béton ayant partout et de même que les briques quatre centimètres d'épaisseur ; puis une seconde rangée de briques était encore appliquée dessus, de telle sorte que le tout ainsi fait, se solidifiait tellement, qu'il semble que cette dureté augmente de jour en jour. Il n'en est pas ainsi des parements qui se dégradent plus aisément, et permettent mieux aux personnes si avides de destruction, de mettre à profit les pierres qu'elles en arrachent pour élever de vilaines masures.

Lorsqu'on considère les murs d'enceinte de ces fortifications romaines, on remarque, au midi, l'endroit autrefois le mieux fortifié, où la tradition locale place le palais d'Auguste, et sur l'emplacement duquel existe aujourd'hui une jolie habitation, appelée château de Meximieux (1), qui conserve encore une petite tour, seul vestige de l'ancienne demeure des Césars. En se dirigeant

(1) Aujourd'hui la propriété de M. Gillet, juge de paix du canton.

au sud-est, on remarque deux tours qui ont une forme semi-lunaire; entre ces deux tours, comme on le voit dans le manuscrit du président de Bellièvre, existait un fragment d'inscription. Je l'ai vainement cherché; j'ai bien remarqué la porte, le bief du moulin. Je rapporte donc cette inscription que je dois à l'obligeance de M. le baron de Polinière, président de l'Académie de Lyon, qui a fait mettre à notre disposition ce précieux manuscrit.

In quo tamen, ultra dictas murorum reliquias, nihil (1) antiquitatis superesse vidi præter unum majusculis caracteribus inscriptum lapidis fragmentum, quod efficit. Partem ostioli, super alveo molendinarium quæ sunt in fossa ejus oppidi.

A II. G. E
C A I
CATO.

Ce qu'il y a de plus remarquable, c'est le nom célèbre que portèrent les deux Catons, et qui vivaient du temps de Jules César.

A l'orient, dans une certaine partie de la muraille, il existait une ouverture évasée en dedans, se terminant en dehors par un trou, petit et rond; au nord, le mur était flanqué de trois bastions, dont un seul reste intact, il est même habité : vient ensuite la porte dite du

(1) Cic.

Moulin, puis cinq bastions très-bien conservés, que le four banal et quelques maisons dérobent à la vue; à l'ouest, est une muraille, dont les parements sont presque entièrement enlevés. Là, de même qu'à l'orient, se voyait une seconde ouverture, toutes deux furent faites en même temps que les remparts. Elles servaient à surveiller de l'intérieur tout ce qui se passait au dehors, et à donner aussitôt l'alerte en cas d'attaque. Plus tard le terrein s'étant élevé, ces ouvertures rapprochées de terre, imitant très-bien celles pratiquées à nos portes qui donnent passage à certains animaux domestiques, pour aller d'un lieu à un autre; elles reçurent alors dans le pays, les noms: l'une de *trou du chat* ou *de la chienne*, l'autre du *trou du chien*, qu'elles conservent encore de nos jours. Dans le XVI.ᵉ siècle, ces ouvertures subirent un agrandissement considérable. Les comtes de Sᵗ.-Jean, ayant leur grenier d'abondance dans l'intérieur des remparts (il existe encore), afin de rendre plus facile le recouvrement de la dîme, préférèrent attaquer le mur dans ces deux endroits plutôt que d'abattre de misérables masures, s'en s'inquiéter d'altérer par là, le caractère primitif de ces constructions romaines. On donnait pour salaire aux ouvriers qui furent employés à ces démolitions un boisseau de blé, en échange de pareille mesure de décombre. On remarque encore de ce côté un bastion soutenu à sa base par de grosses pierres très-dures, ne ressemblant en rien par leur nature à celles que l'on extrait des nombreuses carrières qui sont dans ce pays : puis encore un pan de mur qui finit, là où j'ai commencé cette description.

Plusieurs siècles après, sans pouvoir bien préciser la date, d'autres remparts furent élevés autour de la ville ; ils sont aujourd'hui détruits dans beaucoup d'endroits, il en reste quelques pans de distance en distance ; seulement, à l'ouest, on en voit assez pour juger ce qu'ils ont dû être dès le principe, ainsi que le fossé qui est large et profond. On peut très-bien se convaincre, qu'ils n'ont rien de commun avec les remparts construits par les Romains ; ils sont donc du moyen-âge. Aussi les instruments ordinaires peuvent aisément les démolir ; néanmoins ils existaient déjà avant l'invasion des Sarrasins dont il sera question dans la suite de cette histoire. Ce qu'il y a de curieux, c'est de voir le parement externe de cette muraille, présenter encore dans beaucoup d'endroits, les empreintes plus ou moins profondes faites par les machines de guerre ; le bélier entr'autre, dont on se servait à l'époque pour renverser les remparts. On y remarque un bastion assez bien conservé, quoique moins solide que ceux décrits plus haut.

Cette place forte était fermée par quatre portes.

Plusieurs fois la commune d'Anse éleva des réclamations contre les habitants qui s'étaient emparés des anciens remparts en y adossant, ou édifiant des constructions ; à plusieurs reprises l'état, par les agents du fisc, essaya de faire rentrer ces remparts et même les propriétés dans le domaine public ; mais les prétentions des uns et des autres doivent être considérées comme mal fondées, et les propriétaires n'ont plus désormais à craindre pour leurs immeubles dont la possession leur est à jamais assurée ; il suffit d'ailleurs de se reporter aux divers édits qui forment la jurisprudence des remparts, fossés etc. Les anciennes places fortes qui ne sont plus jugées nécessaires à la défense du royaume, ont été abandonnées.

Il n'est pas inutile de rapporter en substance un édit du roi Louis XIV, du 20 février 1696 :
« Par lequel, sur ce que la plupart des places,
» des anciens fossés, remparts et fortifications
» des villes, sont occupés par des particuliers,
» qui les tiennent à titre de ventes ou de con-
» cessions à eux faites par les maires et échevins
» des villes, ou qui s'en sont emparés par bien-
» séance, le roi maintient et confirme les dé-
» tenteurs en leur possession et jouissance, soit
» que lesdites places, remparts etc., leur ait été
» vendus ou concédés par les maires et échevins

» par baux amphitéotiques (qui peuvent durer
» quatre-vingt-dix-neuf ans) soit à perpétuité
» ou autrement, ou qu'ils s'en soient mis en
» possession, sans titre en quelque sorte et ma-
» nière que ce soit, pour en jouir ainsi que des
» édifices qu'ils y ont fait construire à perpé-
» tuité, à la charge par eux de payer une
» finance. Il est fait défense aux maires et aux
» échevins de les troubler en leur jouissance
» sous quel prétexte que ce soit, même pour
» le paiement du cens, redevance prétendue
» par lesdites villes et communautés dont sa
» majesté décharge lesdits possesseurs etc. N'en-
» tends néanmoins sa majesté comprendre les for-
» tifications de Paris. »

Après cette digression, je me hâte d'achever ce qui a trait à Jules César, qui voulant soumettre toutes les Gaules, s'occupa d'abord de conserver les pays qu'il avait déjà conquis. Asa Paulini étant fortifié, il y laissa quelques cohortes, alla ensuite camper sur les bords de la Saône entre Mâcon et Châlons, où bientôt des députations venues de toutes parts implorèrent sa protection ; lui exposant que leurs habitations étaient pillées et incendiées par des hordes barbares, qui non contentes de porter partout la dévastation, enlevaient encore leurs femmes, leurs enfants et leurs troupeaux. Le grand conquérant voyant ces peuples dans une situation si affligeante, vivement touché de leur infortune, mit fin à leurs maux en exterminant ces innombrables malfaiteurs qui infestaient cette si belle portion des Gaules.

De là, il porta la guerre sur le Rhin, la victoire lui fut toujours fidèle, car partout il obtint d'immenses succès. Mais Rome au milieu de ses plus beaux trophées l'occupait sans cesse, il veut donc s'en rapprocher ; il laissa dans la Gaule Narbonnaise ses légions en quartiers d'hiver. César rapporte (1) que dans ce temps-là, une grande sécheresse rendit les récoltes peu abondantes ; il fut donc forcé de disséminer une partie de ses cohortes autour du camp d'*Antium*, dont les environs nous rappellent encore aujourd'hui, dans tant de villages voisins, les noms bien marqués des principaux officiers de ce grand conquérant : Chasselay de Cassilius, Chaponost de Calpurinus, Marcilly de Marcellus, Curris de Currius etc (2).

Les Gaulois profitant de l'éloignement de César et de l'isolement de ses soldats, conçurent le projet de détruire ses légions.

Ambiorix (d'où peut dériver Ambérieux), Gaulois entreprenant et hardi, sachant feindre un attachement sans bornes à la cause des Romains,

---

(1) Com. de César liv. v.

(1) Histoire littéraire et antique de Lyon, par Colonia, Chap. 2, p. 19, et celle du Beaujolais pour ce qui a trait à Jules César. Manuscrit attribué à Pierre Louvet,

réussit par toutes ses fausses démonstrations à convaincre Sabinus et Cotta qu'ils courraient le plus grand danger ; que les Germains formant des armées innombrables arrivaient en toute hâte. Cette fâcheuse nouvelle jette l'inquiétude dans le camp des Romains. Sabinus malgré les sages remontrances de Cotta, oubliant qu'on ne doit jamais suivre les conseils d'un ennemi, se décida à quitter le camp à la tête de toutes ses troupes ; à peine est-il hors des portes, qu'environné de toutes parts par le perfide Ambiorix, il fut taillé en pièces lui et les siens. Ambiorix fier d'un si grand succès, veut employer les mêmes moyens pour intimider Cicéron, qui fut moins crédule que Sabinus. Les Gaulois ne pouvant le surprendre, l'attaquent même jusque dans ses retranchements. Ce fut là que se passa l'aventure de ces deux braves centurions Pulsion et Varennus, aventure aussi agréable que les plus belles fictions de la poésie.

César apprenant le danger que courraient ses légions, revient en toute diligence et avec une petite armée, met en usage toutes les ressources de son immense génie, fait à la première occasion une terrible boucherie des Barbares ; s'étant emparé du traître, il le fit écarteler, et ses membres furent attachés à des harpons en fer placés aux quatre portes de la ville.

J'ignore jusqu'à quel point la tradition que je

rapporte mérite une entière confiance, elle a toujours été mise en avant dans ce pays ; je suis loin cependant de la ranger parmi les traditions vagues et incertaines, il y a un cachet de vérité qui frappe. De plus, deux de ces harpons, monuments d'une vengeance juste quoique terrible, existaient encore dans le dernier siècle : moi-même j'en ai vu un chez un serrurier d'Anse (1), il l'avait acheté avec de la vieille ferraille en 1836 de M. de Meximieux, qui quittant ce pays, dit au serrurier : *C'est là le crochet qui a servi à pendre un des membres d'un des chefs des Gaulois qui osa indignement trahir Jules César, nous l'avons conservé jusqu'à ce jour dans notre famille depuis un temps immémorial.* Il se pourrait que les paroles pleines de dénigrement que l'on prête à Jules César : *Bona patria, mala gens ; bon pays, mauvaises gens ;* sont dues à cet évènement et à la perfidie des peuples de ce temps là (2). Quoi qu'il en soit, les révoltes furent apaisées pour quelque temps ; mais les Gaulois ne tardèrent pas de tenter un dernier effort pour repousser les Romains. Des troupes innombrables s'assemblèrent de toutes parts, et prirent pour chef Vercingentorix, dont les Gaulois avaient assassiné le

---

(1) M. Gonnard.

(2) A Anse ainsi que dans les environs, on répète sans cesse cette phrase latine, preuve certaine de cette tradition.

père, parce qu'il voulait se faire roi. Ce chef habile et expérimenté, prend toutes les mesures pour détruire son terrible adversaire, il eut soin pour cela d'attirer à lui tous les peuples qui habitent les bords de la Saône. Après plusieurs affaires où César fut toujours vainqueur, les Gaulois sous la conduite du vaillant Vercingentorix se retirèrent dans Alexie (Alise près Flavigny), et là, après un rude combat, et des prodiges de valeur de part et d'autre, la victoire fut encore fidèle aux Romains (1). Alors Vercingentorix ayant pris ses plus belles armes, monté sur un superbe cheval magnifiquement harnaché, sort des portes de la ville, passe plusieurs fois devant César assis sur un trône ; le vaincu se dépouille de ses armes, vient se mettre aux pieds de César, où il demeure dans un profond silence, jusqu'à ce que le vainqueur le donne en garde à ses gens, afin qu'on le réserve pour son triomphe. César maître des Gaules, tourne son ambition du côté de Rome.

---

(1). Voyez Plutarque, traduit du grec par Amyot.

CHAPITRE II.

MORT DE JULES CÉSAR. — CÉSAR AUGUSTE ENTREPREND DE FAIRE UN VOYAGE DANS LES GAULES. — RAISONS PÉREMPTOIRES QUI DURENT LE DÉCIDER A VENIR HABITER ASA PAULINI PLUTOT QUE LYON. — LICINIUS, GAULOIS D'ORIGINE. — PLUSIEURS SUPPOSITIONS TRÈS VRAISEMBLABLES. — BRUITS QUI CIRCULÈRENT DANS ROME A L'OCCASION DU VOYAGE D'AUGUSTE. — LE PALAIS DE LICINIUS. — LES GRANDES RICHESSES QU'IL CONTENAIT. — PREUVE CERTAINE QU'IL Y AVAIT DÉJA DE LA VIGNE DANS CES PAYS DU TEMPS DES PREMIERS EMPEREURS ROMAINS. — HARANGUE DE L'EMPEREUR CLAUDE AU SÉNAT DE ROME. — COMBAT ENTRE SÉVÈRE ET ALBAIN. — DEUX MOTS SUR LE CHRISTIANISME.

César véritablement l'élu et le soutien des intérêts du peuple, après avoir mille fois bravé la mort sur tant de champs de bataille, lâchement frappé de vingt-trois coups de poignard, tombe au pied d'une statue de Pompée. Honte à ceux qui ont voulu élever sur un piédestal les assassins de ce grand homme (Brutus et Cassius). L'histoire doit flétrir un crime aussi exécrable : plus un homme est élevé au-dessus des autres par son génie et ses vertus, plus aussi celui qui ose attenter à sa vie est un vil et misérable assassin.

N'oublions pas que jamais gouvernement

ne fut plus éloigné de la république, que ce que nous appelons par routine scolastique la *République romaine*. L'aristocratie siégeait au sénat, l'élément démocratique n'y était point représenté. Les peuples des Gaules n'en restèrent pas moins soumis aux successeurs de ce grand capitaine, qui furent pour la plupart des tyrans cruels et ignobles.

Celui qui le premier osa ambitionner le titre de roi, fut Octave. Comme il n'ignorait pas que les Romains accordaient plutôt des titres que des diadêmes, il s'en tint à celui d'*imperator*, dont les soldats saluaient les généraux victorieux. Il sut se concilier l'affection du peuple, qui lui donna le nom d'Auguste, pour effacer les impressions fâcheuses du triumvir Octave.

Plusieurs raisons de la plus haute importance, décidèrent César-Auguste à faire un voyage dans les Gaules, l'an 738 de la fondation de Rome. Les historiens prétendent qu'il vint se fixer à Lyon : il est plus probable que ce fut dans cette petite ville de la Gaule chevelue où la tradition place son palais, et où après tant de siècles, on peut encore en voir les vestiges.

Audiffret (1) rapporte « que Lucius Munacius » Plancus bâtit Lyon sous l'empire d'Auguste.

---

(1) Géographie ancienne et moderne.

» Comme c'est l'ordinaire, de mêler du mystère
» dans l'origine des villes, on a cru qu'elle avait
» été ainsi appelée d'une troupe de corbeaux qui
» passaient lorsqu'on en jeta les fondements. »

O ville infortunée ! ce signe sinistre était-il donc le triste présage des maux sans nombre que tu as soufferts ? Combien de fois depuis ta création les générations qui nous ont précédé, ont-elles vu tes murailles en ruines. Tous les éléments semblent conspirer contre toi ; mais, si un génie malfaisant a dû présider à ta naissance, de même que le phénix tu renais de tes cendres ; consoles-toi, n'es-tu pas protégée sans cesse par Marie, mère de Jésus, qui du haut du *forum Trajani* (Fourvières) étend sur toi sa toute puissante protection ? Aie confiance, tu es et seras long-temps encore la fille aînée de la monarchie ; que de nouveaux fléaux s'éloignent à jamais de toi !... Pardonne à un obscur narrateur s'il revendique pour une petite bourgade placée non loin de tes murs, l'honneur que quelques historiens t'accordent. Je n'ignore pas que tu élevas un temple à Auguste ; que les empereurs Romains te comblèrent de leur faveur, et n'épargnèrent rien pour t'orner et t'embellir ; que tu as vu naître Claude, et que tu es la reine de l'industrie !

Il est peu probable que cette ville fut déjà égale en étendue à celle de nos jours 16 ans avant Jésus-Christ. Il faudrait pour cela supposer qu'elle se soit élevée comme par enchantement ; ce qu'il y a de certain, c'est qu'elle était dans le néant lorsque Jules César fit la conquête des Gaules ; et, sur ce point, les historiens ont tort de nous parler d'une ville qui existait seulement dans leur imagination. Comment expliquer le silence de Jules-César qui n'en dit pas un mot dans ses commentaires ? Il faudrait avoir l'esprit bien prévenu, pour croire que ce grand conquérant, qui a fait une description si exacte de tous les lieux qu'il a parcourus, des villes même de troisième ordre qu'on remarquait déjà de son temps, aurait pu, dans le cours de dix années, méconnaître une ville aussi importante, près de laquelle ses légions étaient campées, où on voit d'une manière si positive, les restes d'*Antium*, et du palais qu'il habitât.

De plus, tous les savants qui font autorité en géographie comparée, disent que la ville d'Anse est là, où fut jadis une antique mansion romaine (1).

Licinius (2), cet affranchi de Jules César, ayant su s'élever par degrés aux plus hauts emplois, et se créer de nombreux amis jusqu'au

(1) Comme on le voit dans l'itinéraire d'Antonin, le plus précieux des anciens monuments géographiques.

(2) Voyez Plutarque, traduit du grec par Amyot et Colonia, t. 1, p. 77. Dion, Cass. l. 54 ; Amédée Thierry, 3.e partie, 1.er livre, Clerjon, hist. de Lyon, 1re partie, liv. 8 ; Fortis, voyage à Lyon, chap. 37, liv. 2.

milieu de Rome ; comblant surtout de présents les principaux officiers qui commandaient dans les Gaules, put enfin réaliser le rêve de son insatiable ambition. Il acheta la plupart des terres de cette partie de la Gaule Chevelue, ce pays si fertile et si beau, qui s'étend depuis Vaise jusqu'à Asa Paulini, et de la rive droite de la Saône, jusqu'au sommet des montagnes de Tarare. Il voulut que ce pays qui lui avait donné le jour, fut appelé Mont-Licinius. Chaque jour il inventait de nouveaux systèmes de contributions, pour satisfaire cette soif ardente de l'or dont il était dévoré ; il pressurait l'éponge de l'impôt à tel point, que les plus célèbres financiers des temps modernes ne sont que des pygmées auprès de lui. Protégé par les troupes renfermées dans le camp d'*Antium*, les malheureux Gaulois n'osaient pas même murmurer en silence, dans la crainte d'être encore plus maltraités. C'était de continuelles exactions, les taxes se payaient tous les mois ; afin de les multiplier il partage les jours de l'année en quatorze mois (1). Pour faire passer une semblable entreprise, il les nomma les deux d'Auguste, annonçant que celui, qui aurait la hardiesse de se plaindre, passerait pour impie et violateur de la dignité du sei-

---

(1) Voir les auteurs cités plus haut.

gneur et maître. Ils souffrirent tous en silence une telle oppression. Ce nouveau Crésus eut bientôt accumulé d'immenses trésors ; il lui fallut un palais pour les y renfermer. L'édifice achevé, surpassait tout ce que l'imagination peut inventer en ce genre ; les restes que nous en voyons encore aujourd'hui entre Anse et Lucenay le prouvent assez : c'est bien une page d'histoire plus instructive pour de certains esprits que de volumineuses compilations.

Vous tous qui avez parcouru ces lieux si riches en souvenirs historiques, n'avez-vous jamais distingué à l'époque des récoltes une certaine étendue de terrein, presque frappée de stérilité ? mesurez de l'œil le palais de Licinius, vous pouvez suivre exactement la place qu'il occupa ; car rien ne s'y développe, tandis que, partout ailleurs, tout croît et profite dans cette terre si riche et si féconde. Contemplez la mosaïque déjà découverte, sa grandeur, son riche dessin, sa principale bordure : existe-t-il quelque chose de plus parfait ? Tous les autres ornements sont d'une harmonie et d'une légèreté qui étonne.

Les vrais archéologues disent tous, que les salles de bains sont ainsi faites, car on y remarque des dés blancs, rouges et noirs ; ces pièces en précédaient toujours d'autres où l'on voyait des mosaïques offrant des couleurs et des dessins plus riches et plus variés. Ce qui le prouve : c'est qu'un ancien fermier (1) s'est ressouvenu, qu'en minant il y a plus de quarante ans cette portion de terrain où rien ne fructifie, fit aussi la découverte d'une mosaïque bien autrement remarquable que celle qui est sous nos yeux, car il vit comme de beaux tableaux ; mais le béton qu'il cherchait à détruire était tellement dur, qu'il fallut de toute nécessité y renoncer ; on rejeta la terre dessus, et il n'en fut plus question.

Si on poursuit les fouilles, il est probable qu'on y découvrira bien d'autres monuments précieux sous tant de rapports. Les archéologues sont d'avis que la mosaïque déjà en partie découverte, date du temps des premiers empereurs romains.

Auguste fit ce voyage dans les Gaules, accompagné de Tibère et de Terentia, femme de Mécène, pour laquelle on lui prêtait un vif attachement. Ce fait sans être invraisemblable, laisse dans l'esprit quelques doutes, lorsqu'on réfléchit que Mécène, l'ami, le confident, le ministre si haut, si puissant, auquel Auguste devait tant, n'aurait jamais pu supporter en silence une offense aussi directe. — Celui qu'Horace a chanté en vers aussi sublimes, n'était point sans doute ce que plusieurs historiens racontent.

(1) Habitant actuellement Quincieux.

> Mæcenas, atavis edite regibus,
> O et presidium, et dulce decus meum ! (1).

— De plus Livie, en femme habile, possédant un grand ascendant sur Auguste, eut bientôt déjoué un semblable projet. — J'aime mieux croire avec d'autres historiens, qu'il s'éloigna de Rome, non pour être davantage libre avec la belle Terentia qu'il a peut-être aimée, autant qu'un haut et puissant personnage ose se le permettre à l'égard de la femme de son meilleur ami. D'autres motifs plus élevés en furent la cause. Il voulut, 1.º à l'exemple de Solon, laisser le peuple romain murmurer librement de la sévérité des lois qu'il venait de faire, sans être forcé de les retirer ; 2.º pacifier les Gaules troublées par l'avarice de Licinius. — Ce dernier averti de la présence d'Auguste, va le trouver aussitôt, sans hésiter l'aborde, et lui adresse ce discours : « César (2), mon bonheur est
» grand, puisqu'il m'est permis de vous contem-
» pler ; le moment est enfin arrivé de rendre
» compte de la mission que vous avez daigné me
» confier ; oui j'ai amassé des trésors, j'ai
» même fait élever un palais splendide ; dispo-
» sez d'un bien qui vous appartient, les ri-
» chesses que je dépose à vos pieds sont im-

(1) Mécène qui comptez des rois parmi vos aïeux ; ô vous qui faites ma gloire et mon bonheur ! etc.
(2) Presque tous les empereurs romains prenaient le nom de César.

» menses et mon palais digne de vous recevoir. »

Il paraît que l'argent fit passer l'excuse. Auguste prévenu contre les exactions de son subalterne, sembla comprendre ses explications pleines d'adresse, surtout lorsqu'il lui fit remarquer que s'il avait chargé d'impôts les peuples des Gaules, c'était en vue d'éviter par là des désordres souvent inévitables. Menestrier rapporte que « César
» habitué à voir au milieu de Rome de superbes
» monuments, fut vraiment ébloui lorsqu'il
» contempla le palais de Licinius ainsi que les
» richesses sans nombre qu'il contenait ; il
» s'en servit pour payer ses troupes et récompen-
» ser ses officiers, ce qui fut cause que ce pays,
» appelé *Mont-Licinius*, reçut par acclamation le
» nom du Mont-d'Or, parce qu'ils trouvèrent
» plus en peu de jours de ce métal précieux,
» que les mines les plus riches, les plus abon-
» dantes, peuvent en fournir en plusieurs an-
» nées (1). »

D'après un passage d'Eusèbe, Paradin dit :

---

(1) Le maréchal de Villier menaçant de la corde un fournisseur d'armée pour certains faits ; celui-ci, non moins effronté que Licinius, osa lui répondre avec le même succès : *On n'est jamais un homme à pendre quand on a cent mille écus au service de son général.* Auguste ayant accepté les trésors et le palais de son habile intendant, supprima l'impôt établi par Jules César. Il mérita par là l'affection des Gaulois.

Il existe dans les environs un lieu nommé *Mont-*

que Probus permit aux Gaulois de planter la vigne ; que ce pays où il y en a tant, fut appelé Mont-d'Or par analogie avec celui qui existe en

Lusin, que l'on remarque au bas du versant de la montagne que l'on rencontre lorsqu'on va de Villefranche à Lyon. C'est sans doute ce *Mont-Licinius*, où Licinius se retira après avoir cédé sa demeure splendide à son souverain maître.

Les anciens cartulaires, entr'autres celui d'Ainay, portant la date de la troisième année de Rodolphe le Fainéant, contient donation d'un terrein situé au lieu du mont Licinius, on y lit ces mots : *in loco mons Licinius vocatur*. On connaissait donc encore à la fin du Xe et au commencement du XIe siècles le mont Licinius ; car c'est à cette époque, que Rodolphe roi de Bourgogne exista.

On voyait encore au XVe siècle des vestiges de l'habitation de Licinius, appelé alors *Château-Vieux*, ce nom est resté à la portion du territoire où il reposa. Aujourd'hui, on voit encore un monceau de pierres recouvert de ronces et broussailles ressemblant à un *tumulus*. Il se montre comme une triste enseigne des destinées humaines. Et cependant c'est là qu'avait été construit avec une rare magnificence le palais de *Licinius*, qui pyramida au milieu d'un océan de feuillage, soutenu sur une pente pittoresque. C'est là, qu'à ce palais, avait été joint pour son agrément : un parc si considérable, qu'il devait embrasser dans sa circonférence les petites collines d'alentour. Le déprédateur des Gaulois qui en faisait ses délices, pouvait découvrir de l'endroit le plus élevé toutes ses terres. Lorsqu'il y conduisait ses amis, il leur donnait sans doute le spectacle magnifique de ces somptueux Romains de l'époque, les Lucullus et les Hortensius, dont les *Palatium* étonnaient l'imagination. On dit qu'à un certain signal, un esclave, habillé en Orphée, sonnait du cor, et rassemblait en un moment une grande quantité de cerfs, de sangliers et d'autre gibier, dont l'apparition subite et spontanée récréait les convives du maître de la maison[*].

Longtemps après la fin de Licinius, l'aspect de sa maison de plaisance, tombant en ruines, a dû affliger de son

---

[*] Le Mont-d'Or était encore couvert de bois à la fin du 15e siècle: des actes de ce temps nous apprennent qu'on y chassait à la bête fauve.

Dalmatie ; c'est une erreur, puisque Sextus Ligarius offrit un présent aux marchands de vin qui trafiquaient sur la Saône (1), lorsqu'il eut obtenu par les suffrages du peuple, l'honneur du souverain pontificat et du décemvirat.

Dans une harangue que l'empereur Claude adresse au sénat, il parle visiblement de ces pays et y fait un éloge si pompeux de ses habitants, que je crois devoir en donner ici un faible fragment. « Enfin il est temps que je vous fasse
» connaître quel est le but de ce discours, car
» me voici arrivé aux extrémités de la Gaule
» Narbonnaise ; toute cette illustre jeunesse qui
» paraît ici devant vos yeux, vous semble-t-elle
» moins digne d'être entrée dans l'ordre que Per-
» cius mon ami, qui vous a paru si digne !
» Qu'attendez-vous de moi ? sinon que je vous
» fasse toucher au doigt, que le pays dont je
» vous parle peut vous fournir des sénateurs et
» vous envoyer en effet des gens capables d'en
» remplir les places, puisque la ville de Lyon

---

deuil et de son abandon le voyageur qui n'avait jamais eu le souvenir de ce qui s'y était passé. Pendant des siècles encore ; cette riche campagne a dû demeurer veuve de ses habitants. Que dis-je ? je me trompe ; les serpents et l'oiseau des funérailles en ont été encore longtemps les derniers hôtes !

(Notice historique sur le Mont-d'Or, par J. D. Bolo).

(1) Déjà du temps des premiers empereurs romains il y avait de la vigne dans ces pays, puisqu'il existe de ce temps là des enseignes de marchands de vin trafiquant sur le Rhône et la Saône.

» qui est à la tête de ces provinces là, nous en a
» déjà donnés qui ne font point déshonneur; je
» vous avoue que c'est avec quelque répugnance
» que je sors des limites de ce pays que j'ai tant
» aimé, mais je veux vous parler précisément
» de la Gaule Chevelue, à l'égard de laquelle si,
» on m'oppose qu'elle a soutenu la guerre dix
» ans entiers contre Jules César, on doit consi-
» dérer que depuis 100 ans que cette province
» est assujétie à l'empire, elle nous a gardé une
» fidélité inviolable, au milieu des plus dange-
» reuses révolutions, lorsque Drusus, mon père,
» étant occupé à soumettre l'Allemagne, la Gaule
» Chevelue favorisa cette conquête en conservant
» derrière lui un pays parfaitement soumis et en
» maintenant la paix assurée. La fidélité de ces
» peuples est des plus louables. »

Vers la fin du second siècle, le 11 mars 197, Albain, gouverneur de la Grande Bretagne, et Sévère, venu d'Orient, deux prétendants à l'empire de Rome, vidèrent leurs différends dans une sanglante bataille. Albain (d'où dérive Albigny), avait son quartier général à Lyon, tandis que le gros de son armée occupait une grande étendue de terrain sur l'une et l'autre rive de la Saône, surtout depuis les montagnes qui portent encore aujourd'hui le nom du Mont-d'Or, Chasselay, Lissieux, jusqu'à Marcilly et Chazay; Sévère (d'où Civrieux tire son nom) tenait aussi la rive gauche de la Saône, la plaine qui existe au midi de Trévoux, la rive droite de cette rivière, la grande étendue de terre où l'on remarque Quincieux, Bully, Ambérieux jusqu'à la montagne de Lachassagne. Son quartier général était à Anse, protégé par le camp d'*Antium*. Il n'est pas rare de rencontrer lorsqu'on travaille ces terres, théâtre d'un si grand combat, quantité d'armes de tous genres dont les Romains se servaient.

Sévère fut le vainqueur (1). Ce cruel persécuteur exerça sa vengeance contre les chrétiens qui étaient cependant restés neutres (2) entre les deux rivaux. Le nombre de ceux qu'il fit périr, d'après une ancienne inscription, s'élève à dix-neuf mille. Mais il fallait qu'un sang généreux arrosât la terre, pour établir d'une manière à jamais durable le christianisme.

Déjà saint Pothin et saint Irénée au deuxième siècle, avaient prêché l'évangile dans cette province ; comme les habitants des campagnes sont toujours les derniers à changer, leur conversion

---

(1) C'est au midi de Trévoux dans un lieu nommé Mont-Triblou (*mons terribilis*), où le combat fut terrible. Sévère eût à combattre Niger et Julien, qui soutenaient la cause d'Alban.

(2) Témoin un taurobole qui est au musée de Lyon, qui le prouve de la part des chrétiens très-nombreux et des payens qui ne s'en mêlèrent pas généralement.

AUFANIIS, PRO SEVERO, CUM DISCUBITONE.

ne s'opéra que graduellement ; à cause de cela, le mot païen ou habitant de village (paysan), se prit pour un idolâtre.

Les persécutions sans nombre que les Romains exercèrent contre les chrétiens, contribuèrent à peupler les solitudes. Les terreins fertiles étaient en proie à des sauvages qui ignoraient totalement l'art de l'agriculture. Mais, de même que les fleuves descendent des montagnes les plus élevées pour fertiliser les vallons et les plaines, de même aussi les apôtres de la vraie foi, sortirent peu à peu de leurs inaccessibles demeures pour porter aux barbares la doctrine du Christ qui devait changer le monde.

Cependant, à la fin du cinquième siècle, il y avait grand concours au temple idolâtrique d'Isernaure, dédié à Mercure, fils de Jupiter et de Maïa, dont on voit encore les restes proche Nantua. C'est vers le quatrième siècle qu'on commença à éclairer de la véritable doctrine les populations des campagnes, presqu'uniquement composées à cette époque des esclaves qui cultivaient ce pays si riche, appartenant à quelques Gaulois devenus Romains. Ce fut vers les lieux où dès lors il y avait quelques réunions d'habitations, que dût se porter la sollicitude des pasteurs.

Asa Paulini excita surtout le zèle infatigable de notre grand Irénée. Saint Grégoire de Tours a dit : *Qui in modici temporis spatio, prædicatione sua maxime, in integro civitatem reddidit christianam* (1).

(1) Hist. Franc., 1, 27.

CHAPITRE III.

SAINT-ROMAIN D'ANSE. — LES MOINES CONSERVATEURS DES ARTS ET DES SCIENCES. — INVASION DES SARRASINS. — ANALOGIE ENTRE CHARLEMAGNE ET NAPOLÉON. — ÉGLISE ET CIMETIÈRE DE SAINT-ROMAIN. — MONUMENTS QUI Y FURENT DÉCOUVERTS. — PIERRE TUMULAIRE DE LA JEUNE PROBA.

Au nord de la petite et très-ancienne ville d'Anse, existait longtemps avant l'invasion des Sarrasins, un édifice religieux dont il reste seulement quelques vestiges (1). L'emplacement de ce cloître était surtout bien choisi : placé au pied du riche côteau de Bassieux, justement renommé par l'excellent vin qu'il produit ; partout ailleurs la vue se porte agréablement. On ne peut se lasser d'admirer cette position, devenue par les soins de ces bons religieux, un lieu de délices et de prédilection. Après le prieuré de l'Ile-Barbe,

(1) Il est certain qu'un établissement religieux existait là avant le V.e siècle, ce qui le prouve : c'est l'inscription très ancienne qui porte cette date, et tous les riches débris de l'église et de l'ancien cimetière, ainsi que les médailles des empereurs romains trouvées en grand nombre. Il est certain aussi que les forêts de la Gaule Chevelue furent défrichées par les moines.

le premier qui fut établi en France sous l'abbé Dorothé au commencement du quatrième siècle, celui d'Anse est sans doute un des plus anciens; car on prétend que Saint-Romain, après avoir fondé dans cette province, un établissement religieux qui porta son nom, fut ensuite chargé de créer la célèbre abbaye de Saint-Claude (Condat) qui existait déjà dans le cinquième siècle.

Les cures étaient occupées alors par des questeaux (1), (gardiens) chargés de régler les affaires de peu d'importance, quand il y avait un baptême, un mariage, un enterrement, etc. Alors les questeaux devaient en prévenir les religieux, qui seuls avaient le droit de faire les cérémonies usitées; enfin les moines ne pouvant suffire au service de toutes les églises, les évêques formèrent des séminaires : c'est là l'époque où ils perdirent leurs plus belles attributions.

Il n'en est pas moins vrai que le cinquième siècle, époque où nous faisons remonter la fondation de Saint-Romain, fut un des plus éclairés qu'ait vu cette province. La suprême sagesse par laquelle Dieu conduit toute chose, eut en vue de multiplier ces institutions pour préparer aux progrès de l'humanité un lieu de sûreté contre la férocité des conquérants, qui devaient bientôt apparaître.

(1) Je tiens ces renseignements d'un savant de Lyon, M. F.

Sans les moines, les religieux de ce temps là, que seraient devenus les sciences et les arts ? Outre la librairie, l'agriculture, ils pratiquaient toutes sortes d'ouvrages, suivant les lieux où leurs pieux et utiles édifices étaient placés ; ce fut dans le cinquième siècle qu'ils envoyèrent à Lyon cette admirable machine que l'on y voit encore de nos jours. Un fait historique peu connu apprendra que les moines du prieuré de Saint-Claude (Jura), s'occupaient déjà de travailler le buis ; car saint Viventiol, depuis, 23.ᵉ évêque de Lyon, au commencement du 6.ᵉ siècle, professeur de rhétorique dans l'abbaye de Condat, fit présent à saint Avite, évêque de Vienne, d'un magnifique siège, chef-d'œuvre en son genre, qu'il avait lui-même tourné ; celui-ci s'empressa d'écrire une lettre au moine si habile artiste, où, en récompense et par plaisanterie sans doute, il lui souhaita un siège présidial qu'il obtint en effet. Dans ces pays ils défrichèrent d'immenses forêts où nous voyons aujourd'hui de si beaux vignobles ; l'Arbresle et Savigny en latin *Silviniacum*, tirent leur nom des bois qui couvraient le sol, avant que les moines eussent fixé leur demeure dans ces lieux.

On comprend aisément que des hommes dépositaires de toutes les connaissances de l'époque, qui vivaient en commun avec règle et économie, furent ensuite capables de grandes entreprises, et durent rendre des services sans nombre à l'humanité.

Le plus grand de tous, fut sans contredit de nous conserver avec la tradition des langues savantes et des sept arts libéraux qu'eux seuls étudiaient, une foule d'ouvrages de l'antiquité tant sacrés que profanes, qui seraient indubitablement perdus sans leurs nombreux copistes. Il est donc permis de s'écrier avec l'immortel auteur du génie du christianisme : « Dieu des chrétiens
» quelles choses n'as-tu point faites! Partout où
» l'on tourne les yeux, on ne voit que les mo-
» numents de tes bienfaits ; partout la religion
» a distribué ses milices et placé ses sentinelles
» dans l'intérêt de l'humanité. »

L'influence dont les moines jouirent pendant un temps assez long, fut grande ; mais, quand le pays eut entièrement changé de face par leurs soins, il perdit de vue les innombrables services qu'ils avaient rendus ; on commença à les couvrir de moqueries.

La Providence avait donc semé cette terre de semblables établissements, afin de parer à cette horrible confusion, qui s'introduisit en France, sous les rois fainéants, lorsque d'ambitieux maires du palais, Ebroin et Herchinoad, organisaient l'anarchie, en s'étayant contre l'ancienne constitution française, de tout ce qu'il y avait de mauvais et d'exécrable dans la nation. Dans ces temps malheureux, qui en préparaient de plus funestes encore, les moines et les prélats, dans les lois qu'ils sollicitèrent, montrèrent une tendance constamment libérale et favorable aux faibles. La preuve s'en trouve dans une foule de lois, dans les capitulaires de Charlemagne, et dans nombre de conciles. Le code de Gondebaut, publié vers l'an 500 à Ambérieux, où l'on remarque tant de modération, doit être en partie attribué non seulement à la civilisation romaine, mais encore à leur grande influence.

Ce que les esprits éclairés pouvaient juger par avance, ne tarda pas d'arriver. L'état en proie à l'anarchie et aux divisions intestines, se vit bientôt exposé aux invasions étrangères. Les Sarrasins venaient d'envahir l'Espagne, la France divisée leur parut une conquête peu difficile. A plusieurs reprises ils franchirent les Pyrénées, massacrant, ruinant tout sur leur passage, particulièrement les églises et les monastères (1). Anse, malgré ses doubles remparts, eut beaucoup à

---

(1) Un propriétaire d'Anse en creusant une cave, au lieu où était jadis l'ancienne église du prieuré de Saint-Romain, vient de découvrir une grande quantité de morceaux de marbre et de granit, offrant les couleurs les plus riches et les plus variées. On rencontre surtout beaucoup de débris calcinés, preuve évidente de ce que je rapporte plus haut, en parlant du passage des Sarrasins qui incendièrent les églises et les monastères. Déjà il y a quelques années, en minant la terre en cet endroit, on trouva des objets d'une grande curiosité qui sont entre les mains de M. Peyré, de Villefranche

souffrir. Tels furent les ravages que les disciples du Coran exercèrent dans le midi de la France, telle fut l'épouvante qu'ils y répandirent, que dans multitude de diocèses, la succession des évêques fut interrompue. A Lyon entr'autre, où tout fut ruiné et renversé de fond en comble, il y a lacune depuis Fulcoad, 39.ᵉ évêque.

A la suite de ces temps funestes et malheureux des rois fainéants, principalement après les horribles ravages des Sarrasins que la victoire de Charles Martel arrêta non sans grand'peine, parut un homme extraordinaire, capable de réparer tous les maux passés, de tout prévoir, de tout préparer pour l'avenir. Ce fut Charlemagne, fondateur d'un nouvel empire, qui, aux qualités de tous les grands princes, joignait encore les vertus qui constituent l'honnête homme. De même que Napoléon, il fut grand capitaine, grand législateur, grand politique, etc. Quand il n'aurait rendu aux habitants de ces contrées, d'autres services que de relever les ruines immenses accumulées par les ennemis du nom chrétien, ce serait assez pour que sa mémoire y fut en bénédiction.

L'analogie entre ces deux hommes célèbres, devient en cela plus frappante ; car si Charlemagne donna à l'église de Lyon le savant et vertueux Leydrade son ami, son bibliothécaire, dont il s'était servi dans la Gaule Narbonnaise ;

l'empereur des Français lui donna aussi le cardinal Fesch, son parent ; ce qui n'empêcha pas une certaine partie du clergé de payer d'ingratitude, celui qui avait rouvert les temples à tous les cultes (1).

Nos moines de Saint-Romain disparurent au milieu de tant de ruines, pour porter sans doute ailleurs leur génie bienfaisant.

La simonie et l'incontinence d'un assez grand nombre d'ecclésiastiques du VIIIe siècle fut si publique, que Charlemagne et Louis le débonnaire firent assembler plusieurs conciles, on y obligea tous les prêtres à se fermer dans des cloîtres, à y vivre dans la séparation du monde, on envoya pour cela dans ces provinces des commissaires apostoliques et royaux pour les contraindre à embrasser cette vie retirée et observer les règles qui furent dressées dans ces conciles, ce moyen amena une grande réforme dans le clergé ; mais elle ne fut pas de longue durée, puisque dans le Xe siècle ces chanoines avaient presque tous quittés cette sainte régularité pour reprendre la vie séculière.

Saint-Romain fut magnifiquement reparée par

---

(1) Aujourd'hui le clergé est bien revenu sur le compte de l'empereur des Français ; car dans ses sermons, il se plaît à chanter ses louanges.

les soins de Leydrade (1), le prieuré-cure et son église disposés de manière à recevoir une grande réunion de prélats et de prêtres, à la fin du X.ᵉ siècle il passa dans le domaine de l'évêché de Lyon, et devint le lieu de prédilection choisi par les hauts dignitaires de l'église pour y présider leurs conciles, il fut dès lors qualifié *antiquum diocesi nostræ oppidum* (2). On jugera de ce qu'il devait être, lorsqu'on saura qu'à un concile provincial très-célèbre tenu par Henri I.ᵉʳ de Villard, 96.ᵉ archevêque de Lyon, en 1299, le jour où l'on chante *lætare Hierosolimam*, outre les archevêques et les évêques, tous les députés des églises collégiales et conventuelles de la province, y assistèrent, pas un ne s'exempta, sans parler d'un grand nombre d'abbés, de prêtres et de confesseurs : *convenerunt apud Ansam in ecclesiâ sancti Romani.*

Si on réfléchit aux éloges donnés par les historiens à l'église de Sᵗ.-Romain d'Anse ; au grand nombre de hauts dignitaires du clergé, qui aimaient à s'y réunir, on pourra se faire une idée de sa magnificence, surtout lorsqu'on saura que dans les X.ᵉ, XI.ᵉ, XII.ᵉ et XIII.ᵉ siècles,

---

(1) On sait que Leydrade eut soin surtout de relever tous les édifices religieux qui furent détruits par les Sarrasins.

(2) Hist. ecc. du diocèse de Lyon par de la Mure. Lyon 1671.

huit conciles y furent tenus, et que depuis un temps immémorial elle a toujours été qualifiée de riche et antique ! On comprendra sans peine qu'elle devait être digne du Dieu des chétiens.

Cette église que le pieux Leydrade a particulièrement chérie ; dont la célébrité historique est si grande ; cette église qui a puissamment contribué à civiliser ces pays autrefois barbares, elle n'est plus : de tant de grandeur et de gloire il ne reste presque rien, le temps a passé par là, et a tout détruit. Si on ne lisait, sur une simple croix ces mots : *Ici fut jadis l'antique église de St.-Romain*, on connaîtrait à peine la place qu'elle occupa. Cependant, en fouillant le sol où elle fut construite, on trouve quantité de restes antiques. Que d'objets précieux sont enfouis dans cette terre, autrefois habitée par les nombreuses générations qui nous ont précédé ; par des hommes célèbres dans la guerre, les sciences et les arts ; par une foule d'âmes pures, de saints et de patriotes : il me semble les voir couronnés de la brillante auréole de l'immortalité !

Le cimetière placé autour de l'église, occupait un espace de terrain très étendu ; ce qui semblerait indiquer que la ville d'Anse fut anciennement plus grande, qu'elle ne l'est aujourd'hui. Elle a donc beaucoup dégénéré, tandis que d'autres cités moins bien privilégiées se sont élevées comme par enchantement. Plus tard, je me propose d'expliquer les causes de cet arrêt de développement.

Toutes les fois que dans cet ancien cimetière on a fait des travaux, soit d'agriculture, soit pour y élever de nouvelles constructions, on a rencontré des tombes très anciennes, des urnes funéraires et de riches débris. C'est ainsi qu'il y a quelques années, on découvrit une main très bien sculptée, et un pilastre, présentant sur une de ses faces, une statue qui ne ressemble en rien à celles qui existent dans les temples chrétiens. C'est probablement une divinité du paganisme ; rien ne doit en cela étonner, car on sait, que sur les bords de la Saône, il y avait des idoles de Saturne et du Soleil. On trouva surtout quantité de médailles, frappées à l'effigie des empereurs romains, de Néron, de Trajan et de Carracalla. Les Romains avaient établi dans ce pays des usages qui existèrent longtemps même après l'établissement du christianisme ; les vases antiques que l'on remarque en très grand nombre, devaient selon l'usage contenir des substances alimentaires : ce qui prouve jusqu'où les anciens poussaient cette prévoyance, qu'ils avaient pour les morts. Les pièces de monnaie étaient destinées à payer le tribut à l'impitoyable Carron, le nautonnier des enfers (1).

(1) Toutes ces curiosités antiques ornent aujourd'hui les cabinets de divers amateurs. M. Peyré, entre autres, possède la main et le pilastre dont il est ici question.

L'entière destruction de l'église de S^t.-Romain eut lieu en 1752 (1). A cette époque, on voyait encore une partie de son vaisseau, qui pouvait faire juger de sa grandeur. Déjà au commencement du XVe siècle, comme elle tombait en ruines, Philippe de Turey, alors archevêque de Lyon, céda à d'autres églises ce qu'elle renfermait de plus précieux : celle d'Anse (l'église paroissiale) ne fut point oubliée, on y fit construire plusieurs chapelles, et on ajouta quelques ornements aux autres parties de cet édifice ; ce qui en détruisit totalement le caractère primitif; car il est tout de pièces et de morceaux, cela explique assez le mélange d'architecture différente qu'on y remarque.

Parmi les matériaux, se trouvait une pierre tumulaire très précieuse, qui date du commencement du VIe siècle : on la voit aujourd'hui à la partie extérieure de la chapelle dite d'Ambérieux, à l'occident, et sous le péristyle appelé *la Galonnière*.

Je vais rapporter cette inscription latine, en vers élégiaques ; elle exprime la douleur la plus vive, et la tendresse la plus pure.

C'est le tombeau de la jeune Proba, à laquelle

---

(1) Voyez le grand dictionnaire de Burgin, de la Martinière, et surtout le dictionnaire géographique par l'abbé d'Expilly, à l'article très détaillé sur Anse, ou *Ansa Antium*.

son père, sa mère et son aïeule donnent des larmes. Cette enfant, âgée de cinq ans huit mois, fut enlevée si jeune à la tendresse de ses parents inconsolables d'une perte aussi grande, le 3 des Ides d'octobre, en l'an 534, sous le consulat de Paulinus.

Il est probable, que la dépouille mortelle de cette jeune fille chrétienne existe dans l'ancien cimetière de S^t.-Romain.

GERMINE SVBLIMI PROBA NOMINE MENTE PROVATA
QVAE SVBITO RAPTA EST HIC TVMLATA IACET
IN QVA QDQVIT HABENT CVNCTORVM VOTA PARENTVM
CONTVLERAT TRIBVENS OMNIA PVLCHRA DS
HINC MESTVS PATER EST AVIAE MATRIQE PERENNIS
TITIA HEV FACINVS CAVSA PERIT PIETAS
ACCIPE QVI LACRIMIS PERFVNDIS IVGETER ORA
MORS NIHIL EST VITAM RESPICE PERPETVAM
QVAE VIXIT ANNIS. V. ET MINSIS. VIII.
OBIIT. S. D. III. IDS. OCTVBRIS. PAVLINO V. K.
CS.

Il est regrettable de ne pouvoir reproduire ici, tous les signes de cette précieuse épitaphe entourée d'un encadrement de rinceaux entremêlés de croix, au bas de laquelle on voit une palme entre deux colombes, symboles du christianisme à cette époque, aussi bien que le monogramme et la croix. Le *quadratarius*, chargé de graver cette inscription, a rendu d'une manière imparfaite, non seulement les ornements et les lettres, mais encore a dénaturé le sens du sixième vers, comme l'a fait remarquer M. H. Greppo. Je vais rapporter comment ce dernier commente cette épitaphe.

« Nous avons donc ici la pierre sépulcrale d'une jeune enfant nommée PROBA, enlevée par une mort imprévue, qui coûta à sa famille des larmes bien amères, et que la manie de jouer sur les mots, prrticulière au temps de la basse latinité, a qualifiée de MENTE PROVATA (pour PROBATA), quand l'épithète d'INNOCENS, ou INNOCENTISSIMA, que l'on trouve fréquemment ailleurs, convenait bien mieux à son âge, de cinq ans et huit mois. Si l'on en croit des éloges dont les épitaphes sont rarement avares, elle réunissait en sa personne tous les dons que Dieu prodigue aux enfants de bénédiction, tout ce que des parents peuvent désirer pour une fille chérie.

» Le ton de cette inscription en vers élégiaques est éminemment religieux. Cette piété qui fait remonter à Dieu tous les dons de la nature et de la grace, comme l'Apôtre lorsqu'il disait : *Omne datum optimum, et omne donum perfectum de sursum est, descendens a patre luminum, etc.* (1), cette manière d'apprécier la mort, cette exhortation à se rappeler une vie immortelle, à lever

---

(1) Jac., 1, 17.

les yeux vers le ciel, pour apprendre à se résigner aux peines de la terre ; tout cela est parfaitement dans l'esprit de la religion et de la croix, et suffirait pour signaler ici une famille chrétienne, lors même que le monument ne porterait pas les indices matériels et incontestables de christianisme que l'on a observés plus haut.

» Une seule phrase paraît déplacée dans l'expression de sentiments si religieux, et forme une contradiction avec le reste. C'est celle-ci : **HEV FACINVS CAUSA PERIT PIETAS.** On pourrait y voir une sorte de murmure contre la Providence ; mais surtout elle étonne, rapprochée de la pensée qu'expriment si bien les deux vers suivants, adressés apparemment au père de Proba :

ACCIPE QVI LACRIMIS PERFVNDIS IVGETER ORA
MORS NIHIL EST VITAM RESPICE PERPETVAM.

» Les païens, dont la religion sensuelle était toute pour cette vie, et rappelait peu les destinées futures de l'homme, pouvaient bien, dans les maux de la vie et dans la perte de ceux qui leur étaient chers, accuser la justice de leurs dieux. Nous en trouvons des exemples nombreux dans l'histoire, et même sur leurs pierres sépulcrales. Mais les chrétiens n'agissaient pas ainsi envers le Dieu qu'ils adoraient ; ils connaissaient trop bien les maximes du divin maître, l'impuissance de la mort, et la félicité du ciel, si formellement rappelées ici. Voilà pourquoi j'ai insisté sur cette phrase, qui peut, au reste, être interprétée moins rigoureusement.

» Sous les rapports littéraires, il y a peu à dire de cette inscription intéressante d'ailleurs. L'enflure et le mauvais goût qui la caractérisent sont les défauts ordinaires du siècle dont elle est l'œuvre. Il y aurait beaucoup plus d'observations à faire sur les fautes d'orthographe, de grammaire et de prosodie qu'on peut y remarquer, lesquelles également sont fort communes sur la plupart des monuments lapidaires de la même époque. Telles sont notamment : QD̄QVIT, pour QVIDQVID ; IVGETER, pour IGITER ; MINSĪS, pour MENSIBVS; OCTVBRIS, pour OCTOBRIS : etc. Quant à ce qui concerne l'exécution matérielle, fort imparfaite pour les lettres, comme pour les ornements, je dois signaler la forme particulière de la lettre Q, que la typographie en usage ne saurait rendre, diverses ligatures non moins difficiles à reproduire, et les abréviations indiquées par un trait superposé ; mais surtout l'omission, au commencement du sixième vers, des trois lettres que je supplée en italiques (1). Cette omission est évi-

(1) MesTiTia pour Titia.

demment une erreur du *quadratarius* chargé de graver l'épitaphe : le sens, plus que la mesure, en demande nécessairement la restitution (1).

» L'âge de ce monument est déterminée par le consulat de *Paulinus*, PAVLINO ViRO KLarissimo ConSule (2). Il eut lieu l'an 534 de notre ère, avec celui de Justinien : ainsi l'inscription appartient au commencement du VI.ᵉ siècle.

» La jeune enfant, dont nous avons ici le tombeau, appartenait à une famille noble et distinguée ; son épitaphe n'a pas manqué de nous l'apprendre : GENERE SVBLIMI. Peut-être serait-on tenté de chercher dans le nom de la défunte quelque chose de plus, une donnée historique tendant à nous faire reconnaître cette famille, par quelque rapport supposé avec des personnages illustres qui portèrent le nom de *Probus*. Mais cette donnée unique demeurerait bien vague, lors même qu'on ne regarderait pas *Probus* comme un surnom,

---

(1) Le vers n'en est pas moins faux, l'*a* final étant long dans CAUSA, puisqu'il est ici à l'ablatif.

(2) Il ne peut y avoir que le nom de commun entre ce personnage et celui qui valut à cette station romaine l'appellation d'*Asa Paulini*. Je fais cette observation, puérile peut-être, parce que j'ai entendu quelques personnes supposer leur identité, d'après une coïncidence de nom qui doit être purement fortuite.

ainsi qu'il me paraît l'être communément. Il faudrait donc se jeter dans le champ sans bornes, mais bien ingrat, des conjectures sans fondement, et des suppositions gratuites (1). »

(1) Je rappellerai qu'il exista quelque temps auparavant un personnage nommé *Probus*, allié à une famille lyonnaise, puisqu'il avait épousé une sœur de saint Sidoine. Celui-ci lui a adressé une de ses lettres (IV, I), et il en parle encore ailleurs (*Carm.*, IX, v, 229; XXIV, v, 94), comme d'un homme de lettres distingué. L'enfant dont la ville d'Anse possède le tombeau aurait-elle appartenu à cette famille ?

CHAPITRE IV.

CONCILES TENUS A L'ÉGLISE DE St-ROMAIN D'ANSE, AU NOMBRE DE HUIT (1). — LE Ier EN 994. — LE IIe EN 1025, OU St ODILON SE FIT SURTOUT REMARQUER. — LE IIIe EN 1070, OU PRÉSIDA HUGUES DE DIE. — LE IVe EN 1076. — LE Ve EN 1100, FUT PRÉSIDÉ PAR St ANSELME, ARCHEVÊQUE DE CANTORBÉRY. — DONATION FAITE DES DOMAINES DE QUINCIEUX, BULLY ET AMBÉRIEUX A St THOMAS PENDANT SON EXIL. — CES DOMAINES PASSÈRENT ENSUITE EN SUCCESSION A L'ÉGLISE DE CANTORBÉRY. — LE VIe EN 1107. — LE VIIe EN 1112, OU NOS ARCHEVÊQUES DE LYON PRIRENT LE TITRE DE PRIMAT DES GAULES. — LE VIIIe PRÉSIDÉ PAR HENRI DE VILLARDS EN 1299. — ON Y PUBLIA 20 CANONS. — HENRI DE VILLARDS JETTE UN INTERDIT SUR SON DIOCÈSE, CE DERNIER EST FORCÉ DE FUIR AUPRÈS DU PAPE BONIFACE VIII. — MORT D'HENRI DE VILLARDS.

Les historiens sont peu d'accord sur le nombre des conciles et l'époque où ils furent tenus à S^t.-Romain d'Anse. Plusieurs ont appelé conciles, des

---

(1) C'est le savant P. G., de Lyon, qui m'a aidé dans mes recherches sur les conciles tenues à Anse, en mettant à ma disposition un très grand nombre d'ouvrages, où j'ai puisé bien d'autres matériaux, que je n'aurais peut-être pas pu me procurer ailleurs.

réunions de prélats, qui eurent lieu, dans cet endroit antique et célèbre. Nos archevêques venaient quelquefois s'y délasser de leurs nombreuses occupations. Faisons remarquer que de tout temps, on a préféré les lieux retirés du tumulte des grandes villes, pour rassembler les conciles. Ainsi, pour le premier, on choisit Nicée, qui est à la porte de Constantinople; et le dernier celui de Trente, fut tenu dans cette petite ville du Tyrol qui est proche Venise. On prétend que ce fut par la même raison, que les archevêques de Lyon préférèrent Anse. Tout invitait à choisir ce lieu de prédilection; le prieuré-cure était très grand, et l'église digne d'une telle assemblée.

Ayant entendu quelques personnes émettre des doutes à l'égard des conciles, tenus à Saint-Romain d'Anse; je citerai, comme preuve authentique, que d'après Labbe, concil. tome IX, col. 859. Le concile de l'an 1025 est ainsi désigné:

Anno MXXV: dominicæ incarnationis, convenerunt apud Ansam in ecclesiâ sancti Romani, etc.

Plusieurs autres historiens en sont d'accord. L'abbé d'Expilly dans son *Dict. Hist.* parle seulement de six conciles qui, dit-il, furent tous tenus dans l'église de St-Romain d'Anse. L'almanach de Lyon de 1755, dit qu'Anse posséda plusieurs églises, notamment celle de St-Romain, dans laquelle les conciles que nous allons rapporter furent célébrés.

PREMIER CONCILE TENU EN 994.

Le premier concile y fut tenu en 994, et présidé par Burchard archevêque de Lyon. Dix autres prélats y assistèrent, ainsi que saint Odilon, l'illustre abbé de Cluny (1).

On fit neuf canons : dont le septième *défend les œuvres serviles, le samedi depuis Nones* (2); le huitième *ordonne l'abstinence du mercredi et le jeûne du vendredi.* On y confirma, à la demande de saint Odilon, la possession de Cluny. Ce glorieux saint se fit remarquer par ses talents et ses éminentes vertus. On prétend qu'il soumit aux prélats assemblés diverses institutions, qu'il se proposait d'établir dans toutes les maisons de son ordre. Sa charité était si grande, qu'elle s'éten-

(1) Issu de la famille de Mercœur, l'une des plus anciennes de l'Auvergne. Il refusa plusieurs fois l'archevêché de Lyon.

(2) *Nones* est une des sept heures canoniales dont l'office se célébrait autrefois avec solennité et concours du peuple dans toutes les églises, à différentes heures de la journée. L'heure de *Nones* était fixée à trois heures du soir, ainsi que l'indiquait le mot même de NONES dans les calendriers des Romains. Maintenant on chante ordinairement l'office de *Nones* dans les Chapitres immédiatement avant l'office des vêpres.

dait jusqu'aux morts qui, n'avaient pas pleinement satisfait à la justice de Dieu. Il établit, pour le soulagement des âmes du purgatoire, la commémoration des fidèles trépassés ; recommanda fortement à toutes les maisons de son ordre, cette pieuse pratique qui passa ensuite dans l'église universelle. On distribuait d'abondantes aumônes, on faisait des prières et on offrait le saint sacrifice de la messe.

« Odilon montra aussi, combien il était rempli d'une tendre dévotion pour la sainte Vierge; car il lui arrivait souvent en entendant chanter *tu ad liberandum etc.*, de ressentir les plus vives impressions de l'amour divin, de tomber par terre, et les mouvements extatiques de son corps, décelaient le feu céleste qui brûlait dans son cœur (1). »

---

(1) Hist. Eccl.

DEUXIÈME CONCILE TENU EN 1025.

Le deuxième concile y fut convoqué en l'an 1,025, et présidé par Burchard II, de Bourgogne, 66.ᵉ archevêque de Lyon, d'une naissance royale ; il était héritier de la reine Mathilde. Le bienheureux Burchard, de Vienne ; Emmion, archevêque de Tarentaise ; Athanas, d'Auxerre ; Hugues, de Châlons-sur-Saône ; Geoffroy, de Châlons-sur-Marne, et divers autres prélats y assistèrent. Burchard II y réconcilia Gaustin, évêque de Mâcon, avec saint Odilon, abbé de Cluny, sur leurs différends touchant la juridiction spirituelle, car le B. Burchard, de Vienne, y avait ordonné des moines contre les canons, *mais, suivant le privilège du Pape, que les évêques ne regardèrent point comme au-dessus des canons.*

On fit promesse à l'évêque de Mâcon, de pourvoir pour l'avenir aux droits de son évêché ; on y régla quelques autres affaires. Ce qui fit taire Gaustin, c'est le respect qu'on eut pour le bienheureux Burchard, et surtout, pour saint Odilon. On vit ce dernier, répandre d'abondantes larmes, ce qui lui arrivait souvent, lorsqu'il était en prières ; car il possédait à un degré éminent cet esprit de pénitence et de componction qui, les produit. Il aimait à répéter ces sublimes paroles de Jésus-Christ, notre divin maître : *aimez vous les uns les autres* (1).

(1) Labb. Loc. Laud.

TROISIÈME CONCILE TENU EN 1070.

Le troisième, tenu en 1070, où présida Hugues, légat du Saint-Siège, alors évêque de Die ; depuis successeur de saint Julien à l'archevêché de Lyon.

Hugues de Die, fit beaucoup pour combattre, avec zèle et persévérance, le trafic qu'on faisait alors des choses saintes.

On connaît encore ce concile par un acte important, relatif au célèbre monastère de l'Ile-Barbe, et qu'on trouve aussi mentionné par le P. Labbe, concil. tom. ix, col. 1201.

QUATRIÈME CONCILE TENU EN 1076.

Les détails manquent à ce sujet. Op. land., tom. x, col. 359.

CINQUIÈME CONCILE TENU EN 1100.

Le cinquième, appelé concile national, y fut convoqué en 1100 : voici ce qu'il y eut de remarquable. Hugues, étant archevêque de Lyon ; Anselme, archevêque de Cantorbéry, contrarié par le roi d'Angleterre, se rendit à Lyon, dans le but de passer le reste de ses jours auprès de Hugues son ami. Voyant que ses affaires ne finissaient point à la cour de Rome, et que Guillaume le Roux, était toujours sur le trône d'Angleterre, ce saint prélat ne voulut plus quitter ce pays, qu'après la mort de son roi.

Durant son séjour à Lyon, l'archevêque de cette ville, porta son respect et sa déférence pour celui de Cantorbéry, jusqu'à se regarder comme son suffragant ; il le fit présider à sa place au concile d'Anse, où se trouvèrent quatre archevêques et huit évêques. Son principal objet, fut l'expédition de la Terre-Sainte ; c'était là, la grande affaire du temps. On y excommunia *tous ceux qui, après s'être engagés par vœu à cette croisade, ne l'avaient pas encore accompli.* Pour faciliter cette expédition, on établit, ou plutôt on affermit par un nouveau canon, *la paix ou la trêve de Dieu*. On entendait par trêve de Dieu, une suspension générale de toutes les guerres particulières, que les seigneurs se faisaient les uns aux autres ; on prononça anathême contre tous ceux qui la violeraient. Hugues qui s'était engagé à suivre les Croisés, demanda dans ce concile, les subsides dont il avait besoin, pour fournir aux frais du voyage.

Dans ces deux derniers conciles, Hugues de Die fit des merveilles contre la simonie, il y agissait au nom du chef de l'église. Ce fut sans doute en considération de cette édification à la foi et de ses services, que pendant les XI.e, XII.e, et XIII.e siècles, quantité d'archevêques de Lyon, furent honorés de la fonction de légat en France. Dix décisions, survenues alors de la part des pontifes romains, confirmèrent la primatie de ces archevêques primats, patriarches comme ils sont ainsi appelés souvent.

Faisons observer ici, que le transport religieux des croisades, qui, alors, agitait toutes les âmes généreuses, ne fut pas étranger aux peuples et encore moins aux ecclésiastiques de nos pays ; car Hugues et Pierre, tous deux archevêques, furent placés à la tête de ces expéditions lointaines ; le pont du Rhône, comme le rapportent les historiens, rompit sous la foule des braves qui suivaient les étendards de la religion.

Dans ce concile national, dont le principal but fut l'expédition de la Terre-Sainte, le clergé rendit d'immenses services à ces contrées, en combattant avec vigueur ce brigandage féodal dont les peuples eurent tant à souffrir.

Saint Anselme, ne fut pas le seul auquel les archevêques de Lyon donnèrent asile; ils firent même quelque chose de plus remarquable : Saint Thomas, archevêque de Cantorbéry, forcé de s'exiler, reçut d'eux non seulement une maison dans Lyon (1); mais encore, pour soutenir sa dignité de primat d'Angleterre, ils le gratifièrent en pur don, du riche domaine et des terres de Quincieux, qui passèrent même, en succession à l'église de Cantorbéry.

Il existe un décret de 1382 (2), par lequel le chapitre de Lyon ordonne le rétablissement de la maison de Cantorbéry ; 2.° une lettre que l'église de Lyon écrivit en 1411, à l'archevêque et à l'église de Cantorbéry, pour les prier d'avoir quelque soin de la maison et des domaines donnés à saint Thomas pendant son exil ; 3.° une délibération faite cinq ans après (1416), par laquelle il est dit : *Que les longues guerres de*

---

(1) Cette maison existait dans le cloître de St.-Jean.
(2) Dans les archives de St.-Jean.

France et d'Angleterre ayant interrompu tout commerce entre les deux royaumes, le chapitre donne à Guillaume de Soléon pour tout le temps de sa vie, Quincieux et ses dépendances (Bully, Ambérieux.) Ce dernier hameau fait aujourd'hui partie de la paroisse d'Anse.

A l'époque dont nous parlons, nos archevêques jouissaient d'un grand domaine temporel ; on ne doit pas s'étonner de leurs libéralités envers l'église de Cantorbéry.

On vit aussi dans des temps tels que ceux qui s'écoulèrent pendant la décadence de la seconde race, et vers le commencement de la troisième, les peuples abandonnés à eux-mêmes, se tourner peu à peu vers les dépositaires de l'autorité spirituelle : avec les consolations de la religion et d'abondantes aumônes, ils trouvèrent généralement en eux plus de lumières, plus d'idées de justice, plus d'humanité ; d'ailleurs, plusieurs étaient d'une naissance royale, c'était assez pour qu'ils les préférassent aux féroces usurpateurs qui désolaient le pays en se le disputant par les armes.

SIXIÈME CONCILE TENU EN 1107.

Le VI.ᵉ concile y fut tenu en 1107, sous Jean I.ᵉʳ, 73.ᵉ archevêque de Lyon, qui a été connu par les lettres et épîtres réciproques qu'on a trouvé de lui et de Daimbert, archevêque de Sens, ainsi qu'on le voit dans les œuvres du renommé Ives, de Chartres, qui eut aussi avec lui, une correspondance où il l'intitule toujours *archevêque de la première chaise lyonnaise*, ainsi que souvent il se plaisait à nommer son prédécesseur, *archevêque du premier siége*.

SEPTIÈME CONCILE TENU EN 1112.

Plusieurs historiens prétendent que le prélat Jean, convoqua le VII.ᵉ concile en 1112, *en la petite mais ancienne ville d'Anse, en Beaujolais, où comme primat il appelle ce Daimbert* (dont il est parlé dans le précédent concile), *et prend le titre d'archevêque de la première chaise lyonnaise*, et obligea depuis, à le reconnaître en qualité de *primat des Gaules*. Mais les évêques de la province de Sens refusèrent de s'y trouver, ne voulant point accepter sa juridiction. On voit dans les collections des conciles leur réponse à ce prélat avec sa réplique (1).

(1) Ce concile dont il est question dans la Mure et dans l'histoire ecclésiastique, n'a pas une date très certaine. Il n'est guère possible que ce soit en 1112 qu'il fut célébré, puisque Jean I.ᵉʳ ne gouverna l'église de Lyon que jusqu'au commencement de cette année, où on lui fait tenir ce concile à Anse. Il est plus probable que ce soit avant.

HUITIÈME CONCILE TENU EN 1299.

Henri de Villards, premier de ce nom, 96.ᵉ archevêque de Lyon, tint en l'an 1299 un VIII.ᵉ concile, le vendredi avant le dimanche de la mi-carême, auquel les évêques ses suffragants assistèrent, ou s'y firent représenter par leurs députés, ainsi que tout le clergé des églises cathédrales, collégiales et conventuelles de la province, abbés et prieurs des ressorts de leur diocèse : entr'autres s'y rencontrèrent : Barthélemi, évêque d'Autun ; Nicolas de Barro, de Mâcon ; Guillaume de Bellevestre, de Châlons ; Simon de Huxéria, archidiacre de Dijon dans l'église de Langres, procureur de Jean, évêque de cette ville ; le doyen de Lyon, les abbés d'Ainay, de l'Ile Barbe, de Savigny, de Belleville, de Collonge ; Doigny, abbé de Sᵗ.-Etienne de Dijon, celui de Molesme, etc., etc.

Le but de ce concile, comme on le voit dans la Mure, était de réprimer les actes pervers des méchants et de réformer les mœurs des habitants de la province lyonnaise. Comme la chose était difficile à raison de la qualité ou puissance des méchants, et de la multitude, qui suivant le clergé avait besoin de réforme ; Henri de Villars adresse un mandement ou une ordonnance à tous ses suffragants, aux abbés, prieurs etc., pour les engager à faire observer les statuts du diocèse. Cette ordonnance est datée du vendredi avant le dimanche, où on chante *lætare Hierosolimam*, an 1299.

Ce concile (ajoute de la Mure), fut tenu à Anse, lieu très ancien à l'extrémité du Lyonnais et près des confins du Beaujolais ; duquel il est fait mention dans l'itinéraire d'Antonin, où l'archevêché de Lyon est appelé le 1.º Lyonnais, qui comprend les cinq diocèses de Lyon, Autun, Langres, Mâcon et Châlons-sur-Saône.

Un abbé de l'Ile Barbe, André Marzé, nomme ce concile très célèbre, à cause du nombre des prélats, ecclésiastiques et religieux qui y assistèrent, il tire ce qu'il en dit des statuts synodaux du cardinal de Tournon, archevêque de Lyon, qui en parle ainsi que du précédent dans l'épître qu'il adresse au clergé de son diocèse ; au commencement des dix statuts, où il nomme villela d'Anse dans laquelle ils furent tenus *antiquum oppidum*.

Je vais rapporter les vingt canons ou réglements qui y furent publiés : on jugera si le zèle des pasteurs de cette époque, ne fut pas porté trop loin ; on verra, quelle haine implacable existait alors entr'eux et le peuple, quel abus on y fit de l'excommunication qui avait été jusques là, plus redoutée que la loi civile. Cet esprit de domination, qui s'était introduit dans l'église, depuis que les successeurs des Pothin, des Leydrade, avaient des vassaux, des places fortes, un état de maison magnifique, des chanoines tirés des principales familles, qui, sous le nom de comtes, possédaient d'immenses domaines, n'était plus conforme à l'esprit de l'Ecriture Sainte. Une certaine partie du clergé, s'était visiblement écarté des préceptes du divin maître qui dit à ses disciples : *Votre royaume n'est pas de ce monde. Amasssez des trésors qui ne craignent ni la rouille ni les voleurs.* Où est donc cette douceur évangélique, qui est tant recommandée? On ne la retrouve plus au milieu de toutes ces précautions outrées, employées avec si peu de ménagement, qui donnaient occasion aux laïques, de se porter souvent aux excès scandaleux qui leur sont tant de fois reprochés dans ce concile.

Premier canon.

Il ordonne toutes les semaines dans chaque église, la célébration d'une messe de la Vierge ou du S^t.-Esprit, pour demander la paix et le bon état de la terre et de l'église, et on accorde vingt jours d'indulgence à ceux qui assisteraient à ces messes.

Deuxième canon.

Il est ordonné aux prélats de la province, de se prêter mutuellement secours pour le maintient de leurs droits.

Troisième canon.

Il est enjoint aux Juifs de porter une marque sur leur habit qui les distingue des chrétiens. Ils doivent se retirer promptement lorsque la croix ou le corps de Jésus-Christ passent, et, s'ils ne le peuvent faire assez tôt, ils doivent leur porter la même révérence que les chrétiens; ils doivent payer les dîmes dans les paroisses, et on soumet à la censure ecclésiastique ceux qui les favorisent. Enfin, on défend aux princes, barons, châtelains et autres seigneurs de leur donner des emplois publics, sous peine d'excommunication.

Quatrième canon.

On ordonne aux curés de dénoncer publiquement en chaire les fêtes et les dimanches en présence de tout le peuple, que, les parjures sont des gens infâmes, dont le témoignage ne doit être reçu nulle part ; qu'ils sont indignes de gouverner les églises et d'être admis au nombre des honnêtes gens.

Cinquième canon.

On soumet à l'excommunication ceux qui machinent contre les prêtres qui dénoncent les excommuniés, et les seigneurs qui, leur interdiront leurs fours banaux, les moulins, l'eau et le feu, et leur porteront empêchement dans leurs voyages seront interdits.

Sixième canon.

On excommunie ceux qui donnent des offices publics à des excommuniés, comme baillage, châtellainerie et prévôtés.

Septième canon.

Ceux qui auront vécu dans le lien de l'excommunication sans se faire absoudre par mépris des foudres de l'église, en disant qu'ils boivent et mangent tout aussi bien que s'ils n'étaient pas excommuniés, et que leurs affaires prospèrent également, seront admonestés par l'official de se faire absoudre dans dix jours ; sinon, ils seront appréhendés au corps, leurs biens saisis, et le seigneur qui refusera de prêter la main à l'official en pareil cas sera excommunié.

Huitième canon.

Les excommuniés qui entrent dans les églises et y troublent et interrompent l'office divin par leur présence, seront excommuniés de nouveau.

Neuvième canon.

Ceux qui auront forfait à ne pourquoi, s'ils avaient été excommuniés seront tenus de se faire absoudre, et, ils ne pourront l'être que par celui qui aura porté la sentence, et celui qui l'aura absous sans en avoir le droit, encourra lui-même la peine d'excommunication.

Dixième canon.

Nul ne sera enterré hors de sa paroisse sans payer le droit à son curé, et si quelqu'autre prêtre prétendait se procurer des sépultures sans en avoir obtenu le droit du curé, il sera tenu de lui restituer le corps du défunt, et tous les émoluments qu'il en aurait retirés.

Onzième canon.

Ceux qui dressent des embûches aux évêques ou forment des conspirations contr'eux, qu'ils soient clercs ou laïques encourront la peine d'excommunication, outre celle de droit encourue pour de tels crimes.

Douzième canon.

Les prêtres ne pourront donner par testament aucun des biens appartenant à l'église, ils pourront cependant disposer de leurs meubles et des fruits de leurs bénéfices, de façon qu'il en reste assez pour que leur successeur puisse attendre la nouvelle récolte.

Treizième canon.

Les moines et les autres réguliers qui dans leurs prétentions sur quelques bénéfices, auront occupé par violence et à main armée le bénéfice en litige, seront excommuniés.

Quatorzième canon.

Ceux qui abusent des lettres du pape, seront excommuniés.

Quinzième canon.

On excommunie les vicaires temporels, baillis, prévôts, châtelains qui osent faire emprisonner les clercs bien que pour des délits publics, et n'ont pas honte de les faire prendre avec rumeur et scandale pour les exposer à la dérision.

Seizième canon.

Les seigneurs ou les officiers qui empêchent leurs sujets de recourir au tribunal ecclésiastique, seront excommuniés.

Dix-septième canon.

XVII. Ceux qui tiennent des fiefs de l'église, sont tenus de le reconnaître le plutôt possible, et ils seront excommuniés, s'ils refusent de le faire.

Dix-huitième canon.

XVIII. Ceux qui frappent les prêtres, les clercs et les moines, seront exccommuniés.

Dix-neuvième canon.

Les prêtres, les clercs et les laïques qui célébreront ou souffriront qu'on célèbre le service divin dans les lieux interdits, seront soumis à la même peine.

Vingtième canon.

Il est défendu aux seigneurs ou à leurs officiers d'imposer à la taille les clercs mariés qui n'auraient épousé qu'une seule femme vierge, de les maltraiter, saisir leurs biens ou leur faire aucune violence à ce sujet sous peine d'excommunication.

« Nous archevêques susdits déclarons et protestons expressément que par les présents statuts, nous n'entendons point préjudicier en tout ni en partie aux droits, biens, usages, privilèges et coutumes des doyens et chapitre de Lyon et autres églises cathédrales, collégiales et conventuelles de la province de Lyon, récités et publiés à Anse en présence des sus-nommés le vendredi où on chante le *lœtare* Jérusalem, l'an 1299. »
On y régla différentes affaires, il fût question du relâchement que Dégo, abbé de l'Ile Barbe, avait introduit dans son monastère. Henry

de Villards commit l'abbé d'Ainay, son official, pour y mettre ordre.

Henry, ainsi que tous ceux qui avaient fait partie de ce concile, tourmenté de cette fièvre ardente qui le poussait à tout réformer, ne s'en tint pas là. Le roi s'était attribué le ressort de la justice séculière : notre archevêque oubliant qu'on doit, *avec saint Paul, se soumettre aux puissances ; et avec Marie, obéir aux édits :* prétend que le roi s'arroge son droit de souveraineté ; le roi ayant exigé un serment de fidélité, le prélat, forcé dans ses derniers retranchements, le prête, et proteste en même temps contre. Il fait comprendre au S^t.-Père, que le roi de France tient dans l'oppression son église, il pousse l'audace jusqu'à défendre aux peuples d'appeler de ses juges à ceux du roi. Le bon sens public comprit assez que l'archevêque ne remplissait plus le rôle d'un vrai disciple de l'évangile, on refusa de lui obéir. Henry ne sachant plus mettre de borne à sa volonté immuable, jette un interdit sur son diocèse. J'ignore si à cette époque, il existait un conseil d'état pour réprimer les hauts dignitaires de l'église ; mais ce qu'il y a de certain, c'est que redoutant les suites fâcheuses de cet abus de pouvoir, notre archevêque prit le parti de fuir au plus vite auprès de Boniface VIII. Le Pape fut loin d'approuver une telle conduite, et fit lever l'interdit par l'archevêque de Narbonne et d'autres prélats.

Henry de Villards, vivement affecté de ce que son trop grand zèle avait été cause, vit bientôt approcher la fin de ses jours ; il mourut à Avignon, étant à la suite du Pape, au mois de juillet 1301.

CHAPITRE V.

LE FOUR BANAL D'ANSE.

Après de grandes recherches, je me suis procuré des titres précieux par leur antiquité et en même temps utiles aux habitants d'Anse ; ils sont aujourd'hui déposés aux archives de la mairie de cette ville.

Il est certain que depuis un temps dont il ne reste mémoire, les Ansois possèdent des droits très avantageux, qu'ils ont su conserver à travers, les bouleversements sans nombre, qui, depuis tant de siècles ont si souvent renversé les gouvernements même les mieux établis ; car nulle puissance humaine n'a pu jusqu'à ce jour les leur ravir. Mais, que d'émeutes populaires, que de procès, que d'aventures souvent grotesques, quelquefois tragiques, chaque fois que les corporations ou même les hommes les plus puissants ont osé toucher à ce dépôt sacré, légué à cette communauté par ses ancêtres ; elle s'est levée alors comme un seul homme.

Quoi qu'on en dise, les femmes n'ont pas toujours été chargées de jouer en cela les principaux rôles ; car dans les moments difficiles, lorsque la force armée était employée pour la répression des désordres graves ; on a vu les hommes habillés en femmes, mêler leur supériorité mâle au milieu de tant de conflits, et donner par là, une fausse idée, de ce sexe aimable qui, doué d'une grande sensibilité, ne peut toujours mettre un frein à ses emportements, et se livre à des actions dont on le croirait incapable. Aussi ceux qui étaient commis pour calmer ces révoltes, disaient « qu'ils n'avaient jamais vu de femmes semblables à celles de ce pays. »

Le four banal d'Anse, dont la célébrité historique est si bien établie, existe sur la place de la Panneterie, où passait encore il y a bientôt six ans la route royale. *Sitos et existentes in villâ Ansæ propè panetariam.* En 1733, il était sans doute le plus grand qui ait peut-être jamais existé ; car il contenait 34 pains d'un bichet et demi (mesure de Villefranche), au moins 120 livres ; depuis cette époque il a été restauré et diminué, il en reçoit encore 24 de 80 livres. Les matériaux qui furent employés à sa construction, remontent évidemment aux siècles les plus reculés.

De peur qu'on soit tenté de ranger cette histoire parmi les traditions vagues et incertaines, je donnerai les preuves détaillées. Le titre de 1260 et un édit de Louis IX (saint Louis), nous apprennent que Millon de Veau, doyen des seigneurs, Guillaume de la Poipe, *présentateurs* de Lyon, seigneurs d'Anse, et Pierre d'Auguce, archidiacre de Lyon, leur *coobéancier, abénévisent et cedent en emphitéose à perpétuité pour ce qui les concerne seulement* au chevalier Henry de Brianna et à ses successeurs, les fours à bans (1) et toutes les constructions qui en dépendent, depuis la maison d'Achard Barberieux, jusqu'à la porte du vieux château (palais d'Auguste), avec tous *les revenus, droits et usages attachés auxdits fours*, et cinquante pieds de bois, du bois de Bourdelan proche la Saône, *et quinquaginta pedes nemoris in Bourdelan propè ararem;* répondant à 307 bicherées lyonnaises : sans préjudice des droits de l'hôpital de Varennes et du monastère de la Bruyère (2), *le tout sous le cens annuel de 13 livres viennoises, payables à la St.-Martin d'hiver*, aux seigneurs et à leurs successeurs dans ladite obéance d'Anse. Il est aussi expliqué, que, si ce prix est très minime, c'est en raison des droits, revenus et usages qui tiennent lieu d'une partie de la valeur. De plus, *nuls manants ou autres habitants d'iceux* n'auront le droit de construire dans la ville et

---

(1) Fours auxquels les seigneurs avaient le droit d'exiger que leurs vassaux fissent cuire leurs pains.

(2) Ces droits ne sont pas expliqués.

dans les environs de la citadelle, des fours, sans le consentement d'Henry de Brianna et des seigneurs. Si les 13 livres viennoises n'étaient point payées au jour fixé, il en serait dû 13 en sus le jour de la St.-Hilaire à une heure après midi, sinon une amende de 100 livres et les moyens de rigueur seraient mis en usage.

Les seigneurs firent prêter serment, à trois différentes reprises, au chevalier Henry sur le saint évangile. Ils s'entourèrent de toutes les précautions imaginables; et on comprend très bien que longtemps avant saint Louis, ils devaient entretenir les fours banaux d'Anse; ce n'était point une libéralité de leur part en faveur de leurs vassaux. Ce droit leur est donc bien réellement acquis. Malheur, trois fois et quatre fois malheur à ceux qui oseraient toucher à cet autre jardin des Hespérides!

Dès les premiers temps, ceux qui étaient chargés de l'entretien des fours recevaient à peine une légère indemnité; ils avaient seulement le droit d'introduire dans la pâte de chaque pain l'*index*, le *medius* et le pouce et d'en retirer une faible part. Un peu plus tard, le fournier osa malgré la plus grande résistance de la part des femmes, ajouter un doigt de plus, et enfin, les quatre doigts et le pouce (1): On fit alors des pains énormes,

(1) D'où vient ce dicton, mettre les quatre doigts et le pouce.

au moins semblables à des meules de moulin ; car on fut obligé de créer par la suite des règlements de police pour remédier à cet excès (1). Un pain ne devait pas dépasser un bichet et demi (120 livres). C'est de cette époque que date l'usage qui existe encore dans ces pays, de faire de si gros pains (ce qui étonne beaucoup les étrangers) ; car lorsque la pâte est un peu claire, elle s'étend dans le four. Ces pains ressemblent alors à de très grandes tables rondes. Souvent malgré la largeur des portes du four, on est obligé de les partager en deux. Mais, on ajouta une obole forte à la poignée de pâte.

En 1446, et pendant bien des années, les fermiers payaient une si minime somme pour la forêt et les bâtiments, qu'il sera peut-être curieux d'être renseigné à cet égard. Les régisseurs Rossignol, Jacquet et Couvert, devaient aux seigneurs chaque année à la St-Martin d'hiver pour 307 bicherées lyonnaises de bois en Bourdelan et au moins 200 bicherées d'autres terreins, six livres et dix sous forts : *pro quibus debet ad festum sancti Martini hiemis, sex libros et decem solidos fortes*, et pour les habitations, fours, hangar etc.,

---

(1) Voir aussi pour ce qui suit les Terrier-Rossignol de 1446 ; les Terrier-Jacquet de 1491, et celui de Couvert de 1664, et la reconnaissance passée en faveur de MM. les comtes de Lyon au sujet des fours banaux d'Anse et des bois de Bourdelan destinés à l'entretien desdits fours.

deux sols et 8 deniers forts : *pro quibus domibus videlisset duos solidos et octo denarios fortes.*

Il ne se passait jamais un temps bien long sans émeutes, surtout, quand le fournier voulait augmenter le prix, ou lorsqu'on cherchait à ravir quelques droits aux habitants.

Ce fut en 1665 que s'opéra la plus grande réforme. Il y eut augmentation de prix pour le cuisage, et des règlements sévères furent faits pour établir les droits réciproques des uns et des autres.

On prit des précautions pour éviter les scènes scandaleuses qui avaient du retentissement même dans les pays les plus éloignés. Ces règlements nous apprennent, que les habitants restèrent plusieurs mois sans pouvoir cuire leurs pains au four banal, et comme cela se passait au moment des vendanges (1), il en résulta non seument des murmures mais quelque chose de plus bizarre encore. C'est alors que des hommes habillés en femmes, afin de moins se compromettre, allèrent en grand nombre couper du bois à Bourdelan pour faire chauffer d'autres fours.

On augmenta enfin le prix dû au fournier ; pour chaque pain, 3 deniers et une poignée de

---

(1) Cette année, les vendanges s'ouvrirent le cinq novembre.

farine à deux mains (1). On distribuait un certain nombre de marques à 6 heures du matin et à midi, le nombre en fut limité. Le fournier devait aussi parcourir la ville afin d'avertir avec un cornet chaque fois qu'il était temps de faire le pain, ou de le porter au four. On plaça même une balustrade, et les premières arrivées entraient sans distinction les unes après les autres. Moyens, dit le règlement « qui peut-être
» empêcheront bruits, querelles et perte de pain
» qui se gâtent si souvent ; car même le do-
» mestique de Serpolet a été frappé, maltraité,
» avec injures, blasphêmes et reniements de Dieu
» etc (2). »

On n'obvia qu'à demi au désordre. Dès que la barre en fer fut placée devant la porte, le four banal n'était plus le rendez-vous des commères chargées de faire la chronique scandaleuse, et, le pauvre fournier était moins persécuté; mais le tumulte n'en était pas moins grand sur la place de la Panetterie, à l'heure où l'on devait enfourner ou distribuer les marques ; il y avait cohue : de même que cet insecte ailé bourdonnant autour de sa ruche est dangereux par ses piqûres pour ceux qui l'irritent et l'attaquent, telles étaient ces dames attendant avec impatience que

(1) Règlements de police publiés en 1666.
(2) Voir le Terrier-Serpolet 1666.

le moment fut venu pour elles d'enfourner leurs pains. Combien de fois les voyageurs ne furent-ils point arrêtés soit par curiosité ou autrement. Ce n'était pas le moment de chercher à les couvrir de moqueries, un rien enflammait bien vite nos jolies Ansoises (à cette époque les femmes d'Anse étaient réputées par leur beauté), on voyait se renouveler les scènes qui leur sont tant de fois reprochés, des disputes qui ne se vidaient pas toujours avec des paroles.

On prétend qu'un roi de France, sans pouvoir bien préciser lequel, fut forcé de stationner quelques instants sur la place de la Panetterie, dans un de ces moments si terribles.

Toutes ces scènes du four banal et bien d'autres encore, sont peut-être la cause des paroles pleines de méchanceté que l'on prête à Jules-César : *bona patria, mala gens ; bon pays, mauvaises gens.* Soyez étonnés après cela de ce dicton répandu presque dans toute la France, lorsqu'on veut exprimer l'effronterie de certaines créatures : *Va, va, tu ne peux plus rougir, tu es moins que rien, tu as passé devant le four d'Anse.*

C'est à travers les révoltes les plus sérieuses, que nous arrivons au seize mai 1733, où acte fut passé entre les seigneurs d'Albon, archidiacre de l'église de Lyon, seigneur d'Anse et autres lieux, et de Sarron, aussi comte de Lyon, députés de nos seigneurs du chapitre de Lyon et

des habitants de la commune d'Anse afin de reconstruire le four banal qui tombait en ruines. On fit un nouveau tarif : pour un pain de 80 livres, on donnait 15 deniers. Les fours étaient tenus par les sieurs Germain et Burdel. Les syndics se plaignirent : que le domestique dudit sieur Germain était un brutal, qu'il se permettait de battre de pauvres femmes, et de jeter même leurs corbeilles au milieu de la rue, ce qui occasionnait des querelles, etc. etc. Il répondit : « Messieurs je plains beau-
» coup ce pauvre domestique, comment voulez-
» vous qu'il ne s'impatiente pas au moins quel-
» quefois au milieu d'un tas de femmes qui le
» persécutent ! Ah ! il fait bien son purgatoire
» en ce monde. »

En 1788, les sieurs Germain et Burdel eurent de grandes contestations avec les habitants, je suis convaincu qu'il y avait de leur part des vues qui n'étaient point dans l'intérêt de la communauté.

La maîtrise des eaux et forêts de Lyon leur fit défense de couper le bois de Bourdelan ; sous ce prétexte assez frivole, ils cessèrent de chauffer le four ; je dis frivole, car la maîtrise des eaux et forêts de Villefranche avait des droits sur la moitié des bois de Bourdelan, et n'inquiéta jamais en cela les habitants d'Anse (1). Un pro-

(1) Règlement de 1758.

cès s'engagea ; les droits de la communauté furent vivement soutenus par M. Bonamour ; les sieurs Germain et Burdel, s'apercevant enfin qu'ils n'étaient point dans leurs droits, pour éviter de plus grands malheurs et faire cesser au plus tôt ce procès, s'empressèrent de vendre leurs droits à un prix très bas en maintenant surtout ceux de la commune. Plusieurs vieillards existent encore, et savent très bien tout ce qui se passa alors et tous les excès qui furent commis.

Il existe un arrêté du Maire approuvé par le Sous-Préfet de Villefranche, à la date de 1811, qui règle la rétribution du cuisage de chaque pain de 50 livres à 6 centimes et quart.

Le four et le bois appartiennent aujourd'hui à Mme veuve Burdel. Eh bien ! ce qui en 1260 avait été vendu 13 livres viennoises, en 1446 loué 6 livres, 12 sols et 8 deniers forts, l'est en 1844 au boulanger Descombes 1,600 francs par an, et la propriété malgré sa servitude vaut plus de 40,000 francs.

Quand au désordre il n'existe plus, c'est bien toujours au four que se donnent les nouvelles à la main ; mais encore une fois, malheur à celui qui oserait toucher au jardin des Hespérides !

N'oublions pas de rapporter que Napoléon, à son retour de l'île d'Elbe, forcé de s'arrêter devant le four banal pour changer de chevaux, Bertrand étant à ses côtés lui dit : « Sire, nous sommes devant le four d'Anse », et un léger sourire passa sur les lèvres du grand empereur.

J'aurais pu à l'égard des fours banaux d'Anse, narrer bien d'autres aventures ; mais, outre que je ne saurai comment faire pour les gazer convenablement, le secret d'ennuyer est celui de tout dire.

Cependant, toutes ces scènes scandaleuses sont tellement connues, surtout, une *certaine mutilation*, que souvent on a vu des régiments passer dans Anse, dont les commandants, sans doute par facétie, faisaient mettre la baïonnette au bout du fusil, et disaient à leurs soldats : SOLDATS GARDE A VOS !

CHAPITRE VI.

L'ÉGLISE D'ANSE. — UNE RÉVOLUTION DE FEMMES SURVENUE LE VII VENTOSE AN XI DE LA RÉPUBLIQUE FRANÇAISE.

Il n'est pas nécessaire, d'examiner très attentivement l'église d'Anse, pour se convaincre qu'elle a été construite à différentes époques. Le chœur et la sacristie datent du XI.ᵉ siècle, de la seconde période de l'ère romane ; tandis que les chapelles placées de chaque côté du chœur et la nef sont du XIII.ᵉ siècle, c'est-à-dire de la première période de l'ère ogivale. Les autres chapelles qui furent ajoutées au nord et au midi de la nef sont du XV.ᵉ siècle.

La position enterrée de cette église, est aussi une preuve certaine de son antiquité. Sa façade est simple et son portail était orné avant la révolution de quatre colonnes, deux de chaque côté ; il en reste encore deux chapiteaux très bien sculptés ; au-dessus du portail est une fenêtre ronde d'une grande dimension, où l'on remarquait autrefois ainsi qu'aux autres fenêtres de cet édifice, de beaux vitraux gothiques. On n'en voit plus que de faibles parcelles.

Au sommet de cette façade est placée une jolie croix en fer.

Il y a huit marches pour descendre dans la nef qui est large et suffisamment éclairée sur chaque face latérale par plusieurs croisées ; elle n'est point voûtée, il y a seulement un plafond en bois formant de petits carrés, qui commence dans de certains endroits à tomber en ruines.

Au midi, est la chapelle dite d'Ambérieux ; beaucoup plus élevée que toutes les autres parties de cet édifice. La voûte est remarquable surtout par ses nervures et le *vesica piscis* formant clé de voûte à l'intersection des arceaux ; au nord, trois autres chapelles voûtées où l'on voit des arceaux, qui vont retomber et s'appuyer sur les symboles des quatre évangélistes. Les fenêtres ainsi que celles de la chapelle d'Ambérieux, plus larges que celles de la nef, présentent des compartiments en forme d'ogive et quelques restes de beaux vitraux gothiques.

La nef est séparée du chœur par un grand arc, de chaque côté est un autel, où, comme luxe d'ornementation sont placés dans des niches quatre saints : saint Pierre, saint Paul, saint Abdon et saint Senen ; ces deux derniers, patrons de la paroisse, si bien fêtés dans ce pays le 1.er

dimanche d'août de chaque année : ils sont regardés comme les protecteurs de la vigne. Aussi, tous les ans, depuis le 1.ᵉʳ mai jusqu'à la Pentecôte, plus de cent paroisses venaient avant 1793, en procession pour demander à Dieu, par leur entremise, la conservation des biens de la terre. Aujourd'hui, il y a encore Bully-sur-l'Arbresle, Ville-sur-Jarnioux, etc., qui n'ont point perdu cette sage coutume. Oserais-je donner à M. le curé le conseil de faire disparaître ces saints et de les reléguer dans le coin le plus obscur de son église; ils sont si grotesquement faits, qu'il est impossible de n'être point distrait lorsqu'on porte ses regards sur eux : ne pourrait-on pas les remplacer par quelque chose de moins bizarre?

Au-dessus du grand arc, on voit un très beau Christ, présentant une anomalie choquante, car il est percé au côté droit, tandis que ce doit être à gauche.

L'intérieur du chœur est régulier, sa voûte a une forme ovoïde, il est éclairé par deux fenêtres; tout autour de l'abside on remarque dix colonnes, placées là comme décoration. Il est encore possible d'admirer sous les couches épaisses de couleur et de chaux dont on les a recouvertes, les riches ornements qui en chargent les chapiteaux : ce sont des fleurs, des fruits, des personnages et quelques scènes de l'écriture sainte.

Là, c'est Adam et Eve au milieu du paradis terrestre, dans un état complet d'innocence et de nudité ; puis, le serpent qui offre à notre première mère le fruit défendu : non, un chat félon qui s'endort et se pelotonne, le plus bel oiseau bien mélodieux, un écureuil musqué, coquet, l'animal en un mot le plus séduisant, le serait beaucoup moins que ce serpent tel qu'il est ici. Si on l'eut toujours représenté de la sorte, la colère de nos aïeux contre la mère du genre humain, se serait sans doute apaisée. Sur une autre colonne, Dieu créant le monde ; ailleurs, saint Pierre et saint Paul sous l'invocation desquels est placée l'église.

Au midi, est la chapelle dédiée à la Vierge, séparée du chœur par un mur ; mais, la stupide ignorance de ceux qui ont été chargés de faire des réparations, en a détruit entièrement l'harmonie et l'ensemble ; car, plusieurs fenêtres avec leurs beaux vitraux gothiques et des sculptures admirables, ont été cachées par des briquetages et d'épaisses couches de plâtre. Néanmoins, sa voûte se distingue par sa grande hardiesse ; rien n'est plus gracieux, on remarque partout comme pour servir de décoration, des trèfles et des bouquets de feuilles multipliés. Elle n'est plus éclairée que par deux fenêtres étroites et élancées.

Au nord, se voit la chapelle de saint Clair qui,

de même que la précédente, est séparée du chœur par un grand mur, que dans un moment de crainte chimérique, on a élevé pour chercher à consolider cet édifice ; elle est entièrement abandonnée. Cependant, le chœur serait bien plus régulier, si on faisait disparaître ces deux murs qui le séparent des chapelles ; cette réparation se ferait même à peu de frais.

La sacristie est divisée en deux pièces, dont une, renferme les dépouilles mortelles de l'ancienne famille de la Barmondière, qui vient de s'éteindre par la mort de cette puissante dame, qui surtout pendant sa vie, a été la providence des malheureux.

On remarque dans cette église, plusieurs tableaux : un entr'autres représentant un extase de saint François ; il est d'une grande dimension ; les anges qui entourent ce saint paraissent un peu longs ; le paysage est surtout très bien.

Un second tableau, d'une moins grande dimension que le précédent, c'est saint François d'Assises qui repousse la tentation du diable, en opérant le miracle des roses.

Un troisième, très vanté, c'est saint Jean-Baptiste prêchant dans le désert ; on prétend qu'il ne peut être mieux placé, que dans cette église.

Un quatrième, saint Jean-Baptiste baptisant dans le Jourdain ; celui-ci est le chef-d'œuvre du plâtrier de la localité.

Il existe encore un tableau que l'on remarque dans la chapelle dédiée à la Vierge, c'est bien ce que l'église possède en cela de plus précieux : c'est Saint François d'Assises, tableau de l'école espagnole.

Le clocher est carré et a un seul étage, éclairé par huit fenêtres, c'est-à-dire deux sur chaque face, séparées par des colonnes ayant des chapiteaux à feuillages et dessins très bien ciselés ; mais que l'on a encore en beaucoup d'endroits, horriblement mutilés. Le simple bon goût devrait faire disparaître ces murs qui dérobent à la vue plus de la moitié inférieure du fût des colonnes. Il y a quatre cloches, une seule est ancienne : elle a eu pour marraine madame Dacier. Serait-ce par hasard la femme célèbre qui a su si bien traduire les mâles beautés d'Homère ? Lorsque ces cloches sont mises en branle par le marguillier qui est loin d'avoir la bosse de la musique, cela fait un effrayant tintamarre (1).

Une corniche supporte le toit du clocher, et à chaque angle on voit des modillons représentant pour la plupart, des figures grimaçantes. Au-dessus du mur méridional, on remarque un petit clocheton au haut duquel est une girouette

---

(1) Depuis que ces lignes sont écrites, il est juste de dire, que le marguillier en question a fait de notables progrès.

avec une tige en fer, qui semble placée là, uniquement pour attirer la foudre sur cet édifice.

Au mur extérieur de cette église, à la corniche de la chapelle d'Ambérieux, on remarque des monstres qui jettent l'eau des gouttières, depuis des siècles.

De plus que l'inscription latine de la jeune Proba déjà reproduite dans un chapitre précédent, il en existe encore deux autres, beaucoup moins anciennes. Au dessus du cintre de l'ancien cimetière, au couchant, c'est un bourgeois d'Anse, mort en l'an 1302. Une autre pierre tumulaire incrustée dans le mur au midi, intrigue les savants, car elle est très difficile à déchiffrer : c'est l'épitaphe d'un nommé Braly et de sa femme, morts en 1404.

Pauvre église d'Anse, malgré le zèle du pasteur de cette paroisse, tu es pour ainsi dire délaissée. Tes murs humides ressemblent à ceux d'une prison ; ton plafond commence à tomber en ruine, et cependant, tu renfermes de grandes beautés, qui sont pour la plupart cachées sous un vilain replatrage. Réjouis-toi, car à la tête des magistrats de cette commune, il est aujourd'hui des hommes de goût et amis des arts, qui ne seront point indifférents à l'injuste abandon dans lequel on te laisse. Si la même somme employée à te mutiler était entre leurs mains, elle suffirait au-delà pour faire ressortir tes magnificences ! Pourquoi aussi n'es-tu point classée parmi les monuments à conserver ?

Le cimetière de la paroisse occupait les alentours de cette église, à l'occident et au nord. On y remarque encore quelques pierres tumulaires ; mais ce lieu a été converti en verger par les soins du curé M. Chamon. Il y a plus de quinze ans, qu'on alla choisir, à une faible distance de la petite ville d'Anse, la paisible retraite où ses morts dorment leur sommeil attendant le jour de la résurrection ; en ce moment solennel, où les âmes passeront par torrents, devant le trône de l'éternel !

Insurrection de femmes, survenue à Anse le **VIII** Ventôse, l'an **XI** de la République Française.

Napoléon venait de rouvrir les temples à tous les cultes, et de donner à l'église de Lyon, son oncle, le cardinal Fesch, qui en fut le 115.ᵉ archevêque.

Le premier soin du nouveau prélat, fut le rétablissement du culte dans la plupart des églises de son diocèse. C'est ainsi, qu'il envoya à Anse un digne prêtre, vieillard vénérable, qui, pendant la terreur avait fui en exil, afin d'échapper à une mort certaine.

Déjà, à la tête de la paroisse, se trouvait un nommé Arquillière, qui avait prêté serment à la république *une* et *indivisible*. Ce dernier, doué de toutes les qualités que la nature prodigue à ses plus chers enfants, possédait surtout le don des langues. Il était d'une extrême tolérance, et de plus, très habile à dire ses offices. (En fallait-il davantage pour être apprécié et mériter l'affection de tout son troupeau?) Aussi, l'histoire rapporte, qu'il était aimé avec frénésie de tous ses paroissiens. Comment ne pas s'attacher à des brebis qui chérissent tant leur pasteur? C'est ce que fit le curé Arquillière.

Mais, tandis que la petite ville d'Anse est heureuse d'avoir un tel prêtre, qu'elle désire et espère conserver longtemps ; le bruit se répand tout-à-coup qu'il va être remplacé par un autre curé. A l'instant l'inquiétude devient générale, chacun s'interroge et se demande s'il est vrai, s'il est possible, de faire une semblable perte. Les femmes surtout en sont vivement allarmées ; elles vont en toute hâte au presbytère pour être mieux informées, et là, elles apprennent en effet, que la nouvelle est hélas ! trop certaine. Car, il leur fut donné lecture de la lettre suivante, adressée par le maire de la commune, le citoyen Sain, au prêtre constitutionnel Arquillière.

Du *duodi* (deuxième jour) de la seconde décade, Pluviose an XI.

AU CITOYEN ARQUILLIÈRE,

« L'on me déposa l'ordonnance de Mgr le
» cardinal Fesch, archevêque de Lyon, du *décadi*
» de ce mois, qui commet pour desservir cette

» paroisse le citoyen Jean-Maurice Igonin, et,
» révoque les pouvoirs de tout autre prêtre ;
» elle lui enjoint, de se rendre sans délai à sa
» destination. En conséquence, il arrive aujour-
» d'hui. Je partage bien sincèrement les regrets
» qu'épouveront les citoyens de cette commune
» en apprenant un tel changement ; ce qui
» pourra le leur faire supporter, c'est qu'il est
» commandé pour le bien public.

» En mon particulier, je ne cesserai de dire
» que par votre zèle, votre exactitude et vos
» lumières, vous avez concouru autant que pos-
» sible au maintien de l'ordre et à la tranquil-
» lité de la commune ; ma reconnaissance en
» sera éternelle etc. etc. »

Non, il est impossible de se faire une idée du tumulte épouvantable, occasionné par la lecture d'une semblable lettre. Figurez-vous un imprudent qui aurait frappé du pied un nid de guêpes ; figurez-vous aussi, la colère de cet insecte ailé, bourdonnant avec rage, et se jetant alors avec fureur sur l'agresseur, telles étaient les citoyennes d'Anse. Car, on en vit aussitôt une multitude courir les rues excitant chacun à la révolte. De nombreuses réunions eurent lieu, où mille projets divers furent proposés. Il y fut résolu à l'unanimité, que plutôt de se voir enlever le pasteur tant aimé, *on braverait mille morts.*

Vous tous qui connaissez la femme, non dans ce qu'elle a de bon, de doux et d'aimant, mais dans sa fureur, sa colère, vous comprendrez aisément la comparaison que j'ai faite plus haut. D'autres avant moi ont été plus énergiques. A cette occasion, je citerai des autorités irrécusables, qui donneront une idée de ce sexe aimable. Ainsi l'Ecclésiaste dit : *comme le ver s'engendre dans les vêtements, de même l'iniquité de la terre vient de la femme* (1). Ailleurs les racines du nom de la femme, expriment les idées *d'oubli, de séduction, de diable et même de vanité* (2). Dans les caractères primitifs, le nom chinois d'Eve voulait dire : *celle qui lie les autres dans son propre mal, ces racines renferment encore les idées de souillures, infirmités, larmes, contagion du mal (3).*

Mais, revenons vîte à notre histoire; car après tout, la femme a bien son mérite. N'oublions pas surtout, qu'elle est fille d'Eve.

Nous disions donc, que le tumulte était grand dans la ville d'Anse. Plusieurs citoyennes furent envoyées en députation à Lyon afin d'agir, ou faire agir auprès du cardinal ; rien ne put fléchir le haut prélat.

(1) Eccl. Ch. x., L. ii, V. xiii.
(2) De la Rel. d'après les doc. ant. à Moïse.
(3) Grand dictionnaire chinois imprimé par ordre de l'empereur Napoléon.

Ce fut sur le brave curé Igonin, que se concentrèrent toutes les colères. La première fois qu'il parut en public, ni ses cheveux blancs, ni cet air de bonté et de justice, qui doit toujours en imposer (car tout dans sa personne annonçait le digne ecclésiastique), rien ne put calmer l'extrême irritation de ces femmes, résolues d'en venir aux dernières extrémités, plutôt que de voir partir leur protégé. Aussi, disons-nous, rien ne les retint ; elles poursuivent jusque dans le sanctuaire, celui qui, arrivé là, prie en vain le ciel qui appaise quand il lui plaît la fureur des flots de la mer, et semble être sourd à ses prières.

C'est, surtout *l'octodi* de la première décade de ventôse, 28 jours après la nomination du digne curé Igonin que la révolte prit un caractère vraiment allarmant. La fureur des femmes fut si grande, que la force armée devint indispensable. Laissons parler le procès-verbal rédigé alors par les représentants de la commune : MM. Sain, maire ; Beau, adjoint ; procès-verbal, qui bien loin d'être rédigé avec exagération, prouvera néanmoins jusqu'où l'exaspération des révoltées était portée.

« Aujourd'hui dimanche, 8 ventôse l'an XI de la république française, sur les huit heures du matin ; nous Pierre Sain, maire de la commune d'Anse, et Pierre Beau, adjoint, informés qu'un rassemblement de femmes avait lieu à la porte de l'église, lesquelles ont fait fermer cet édifice et s'opposent aux fonctions du desservant, envoyé par Mgr le cardinal Fesch, archevêque de Lyon. Nous nous sommes rendus sur la place de l'église, où étant, nous avons reconnu le rassemblement et trouvé la porte de l'église fermée. Nous avons observé à ces mêmes femmes, que tout rassemblement était défendu ; que c'était un crime, de s'opposer à l'exécution, des ordres émanés des autorités. Nous les avons exhortés autant qu'il a été en notre pouvoir, et au nom de la loi de se retirer, et de laisser célébrer les offices divins. » Elles ont toutes répondu : *qu'elles savent parfaitement qu'elles font mal ; mais, que ne pouvant faire entendre leurs réclamations contre l'injustice qu'on leur fait, en envoyant à Anse un prêtre dont elles connaissent les antécédents, pour éloigner celui qui ne leur avait prêché que le bon exemple ; que d'ailleurs, c'étaient elles qui, pendant le temps des troubles révolutionnaires, avaient rétabli l'église à grands frais ; qu'elles ne voulaient pas le curé nouvellement envoyé : qu'elles étaient toutes prêtes à mourir sur l'échafaud, plutôt que de le recevoir.* Dans ce moment survient la gendarmerie, elles se sont écriées : *Nos amis, avez-vous vos chaînes ? prenez les ; couvrez-nous en ; alors nous vous suivrons.*

« Nous leur avons réitéré nos paternelles observations, en leur faisant comprendre, combien leur rassemblement et cette résistance étaient répréhensibles ; que le procès-verbal dressé par nous, aura des suites désavantageuses. Elles nous ont répondu : *qu'elles se faisaient gloire d'y être comprises, elles se nomment.* Suivent les noms des femmes et filles au nombre de 150, qui ont pris part à l'insurrection.

» Pour prévenir de plus grands troubles, qui ne pourraient être apaisés que par une force armée plus nombreuse ; nous avons annoncé qu'il ne serait point célébré de service divin. »

Le tumulte et le désordre allaient toujours croissant. Le digne curé Igonin, pour se soustraire à la fureur de tant de femmes, s'était réfugié chez Mme de Saint-Virba.

Enfin la force armée arriva le 22 ventôse an XI.

Il existe encore aux archives de la mairie une pièce très curieuse, ainsi intitulée : « Liste des femmes insurgées, désignées dans le procès-verbal qui a été envoyé, et de celles qui ont provoqué par leurs actions et leurs discours l'insurrection, où la force armée, pour rétablir l'ordre, doit être placée, d'après la lettre du préfet portant la date du 4 ventôse an XI de la république française. » Dans cette lettre on voit, que suivant le degré de culpabilités, femmes et filles reçurent un plus ou moins grand nombre de soldats pour les contenir.

Par exemple, on y lit : une telle, femme de ***, la plus terrible, aura quatre militaires. Le même nombre chez la femme de **, pour avoir tenu chez elle, le samedi veille de l'insurrection une assemblée de femmes ; IDEM Mme *, pour avoir monté la garde, où se cachait le citoyen Arquillière, etc., etc (1).

Avouez, cher lecteur, que vous reconnaissez bien là, les Ansoises de l'ancien four banal (2) !

---

(1) Tous les titres, concernant cette insurrection vraiment extraordinaire, sont déposés aux archives de la mairie ; en les parcourant on verra que nous avons été bien loin de commettre en cela la moindre exagération.

(2) Il est bien entendu que nous ne prétendons pas que les femmes de ces contrées ne valent pas celles des autres pays. — Elles sont filles d'Ève, comme les hommes sont fils d'Adam.

CHAPITRE VII.

LA CHAPELLE DE SAINT CYPRIEN. — L'ABBAYE DE BRIENNE. — SA CHAPELLE. — L'ÉGLISE DE SAINT MARTIN. — SAINT CRI.

Cette antique chapelle, existe dans l'intérieur de la citadelle d'*Antium*. Depuis plus d'un siècle et demi, elle n'est plus destinée au culte divin. Pendant longtemps elle renferma le bois nécessaire à l'exploitation des mines de Chessy ; aujourd'hui, elle sert de cave à son nouveau propriétaire.

Lorsqu'on examine l'intérieur et l'extérieur de cet édifice, on voit qu'il est très ancien. A l'extérieur et dans certains endroits, il est facile de se convaincre qu'il existe peu de monument de ce genre ; car, les murs sont faits avec des pierres liées par une épaisse couche de béton, composé de chaux vive, de gravier et de briques écrasées, à tel point, que cette construction est presque inaltérable.

On remarque encore à l'intérieur quelques

beaux restes de peintures. Les concessionnaires des mines de Chessy, en faisant des réparations à cet édifice, ont détruit tout ce qui pouvait encore s'y faire remarquer.

On doit vivement regretter, de ne pouvoir retrouver les inscriptions qui doivent exister encore ; elles sont devenues invisibles : soit qu'elles aient disparu sous les couches de mortier dont on les a recouvertes, ou altérées par le temps, soit que le terrain s'étant élevé les aient dérobées à la vue.

Parmi ces inscriptions latines, une surtout rappelait que, cet édifice était le premier qui fut élevé dans ce pays par la sollicitude des premiers pasteurs.

Il y avait autrefois dans cette chapelle, une prébende à la nomination des comtes de Lyon.

ABBAYE DE BRIENNE et SA CHAPELLE.

Il existait à Anse avant 1742, une abbaye de filles de l'ordre de saint Benoît, situé à Brienne, lieu charmant, véritable paradis terrestre, placé au pied du riche coteau de Bassieu, joignant au midi le joli château Dujonchey, ancien fief d'Anse (1).

Rien ne manquait, pour en faire un lieu de délices et de prédilection; c'est là, que coule cette belle source intarissable, justement renommée. On voit encore, les bassins où les eaux de la fontaine vont se rendre. Le jardin et le clos sont magnifiques. Si, par l'imagination, on se représente les parterres couverts de fleurs, les bosquets où les eaux abondantes se prodiguaient sous mille formes diverses : on comprendra sans peine, que tant de beautés, devaient nécessairement attirer à une autre époque, ces âmes tendres et souffrantes qui ont besoin d'habiter en elles-mêmes, désirant se condamner à un veuvage éternel !

(1) Ce lieu se nomme encore dans le pays, PARADIS.

Un jour nos dames de Brienne demandèrent au roi Louis XV des secours pécuniaires, prétextant que leurs revenus étaient insuffisants. Elles possédaient néanmoins des terreins immenses et très productifs (1). On intrigua à la cour de France, et contre leur attente, elles furent réunies au célèbre couvent de la Déserte de Lyon. Mais, lorsqu'il fallut quitter ce lieu de délices et d'enchantement, il y eut des pleurs et des grincements de dents.

O illustres et saintes filles de saint Benoît, ne craignez pas que je sois l'écho des bruits calomnieux qu'on s'est plu alors à répandre sur vous avec tant de malignité (2). Il est vrai, que bien long-temps avant la révolution, si terrible, mais, suscitée par Dieu seul, pour rétablir l'ordre et l'harmonie au milieu de son peuple; avant cette époque dis-je, vous vous étiez grandement relâchées de la règle sévère de saint Benoît. Je sais bien, qu'en vous forçant de quitter vos retraites, on ne vous a point rendu service, comme on l'a prétendu. Je suis loin de blâmer de tels établisse-

---

(1) Elles possédaient de beaux vignobles à St-Cyprien, une grande partie des terres appartenant aujourd'hui à M. Dujonchey, et beaucoup d'autres soit à Lucenay, Ambérieux, etc.

(2) J'ai entre mains une chanson faite contre elles et plusieurs personnages de l'époque, chanson pleine de méchanceté, qui fut probablement la cause de leur réunion au couvent de la Déserte de Lyon.

ments. Un cloître est un bouclier contre les embûches, les joies et les misères sans nombre du monde. Les femmes sont surtout plus tendres et plus recueillies que les hommes (1) ; elles ont souvent au fond du cœur, mille raisons de solitude. Pourquoi les priver d'un lieu de refuge ?

Disons aussi, que nos dames de Brienne regrettèrent par-dessus tout leur jolie chapelle, qui aujourd'hui, sert de logement à un agriculteur. C'est assez dire qu'elle est presque entièrement bouleversée. A l'extérieur, et seulement au mur occidental, on distingue encore une fenêtre dans le style flamboyant du XV.ᵉ siècle, au-dessus de laquelle on remarque un cordon avec des modillons, représentant des têtes de nonnes admirablement sculptées. De chaque côté, et en haut de cette fenêtre, sont deux œils de bœuf. Partout ailleurs, on a entièrement dénaturé le caractère primitif de cet édifice religieux. Les autres parties de l'abbaye sont habitées par des vignerons et les frères des écoles chrétiennes.

---

(1) La femme, en latin MULIER, vient de MOLLIOR, ce qui dénote une complexion plus molle et plus facile aux douces impressions de la vertu.

ÉGLISE DE SAINT MARTIN.

A l'extrémité orientale du pont d'Anse, existait adis l'antique église de saint Martin, qui fut jpresque entièrement détruite par les inondations de 1607.

Rappelons ici, que cette année, le froid fut si grand pendant plus de deux mois, que toutes les rivières gelèrent ; il fit périr grand nombre de voyageurs ; ainsi que le bétail même dans les étables. Les vignes gelèrent aussi, et, ce fut au dégel que notre église fut emportée par les grandes inondations qui survinrent. (*Voyez à l'article Inondation ce qui se passa de remarquable.*) On rapporte, que Séguin de Badafot, fit décapiter en 1364, près de ces lieux, un officier de sa troupe.

Il ne reste plus de cet ancien édifice, que les fondations que l'on rencontre en creusant le sol, dans cette portion de terrein, portant encore aujourd'hui le nom de Saint-Martin, et quelques pierres sculptées, représentant le Christ et plusieurs autres personnages. Ces sculptures connues sous le nom de *Saint Cri* existent dans le mur méridional d'un jardin potager appartenant aujourd'hui à M. le marquis de Mortemart.

SAINT CRI.

Depuis un temps immémorial, le Christ a été appelé ici par corruption saint Cri ; et de même que saint Clou est imploré pour les blessures faites par les instruments piquants, saint Bonnet pour les maux de tête ; de même saint Cri, d'après l'admirable loi des semblables, guérit les enfants qui ont des coliques et pour cela crient sans cesse. Aussi est-il en grande vénération, non seulement dans ces pays, mais dans les contrées les plus éloignées.

Voici ce qu'il est indispensable de pratiquer pour obtenir du saint ce qu'on vient lui demander : lorsqu'un enfant est dans un tel état de souffrance, qu'il est condamné par ses parents à supporter un voyage plus ou moins long, sa mère le prend dans ses bras, et le cœur plein de douleur et d'espérance, s'achemine auprès du saint qui doit rétablir la santé de cet objet chéri. Mais, il faut surtout, qu'elle fasse le chemin quelquefois très long, sans prononcer une parole : la pauvre femme ! Très souvent elle part nuitamment, car elle doit être auprès du saint au moment où le soleil paraît sur l'horizon ; après de ferventes prières, elle dépose son offrande au pied de la croix. Ces pièces de monnaie appartiennent de droit au premier pauvre qui se présente, et qui à son tour, doit aussi prier pour le petit malade. La mère remplie d'espoir et la joie dans l'âme, regagne sa demeure, toujours condamnée au silence le plus absolu.

Heureux, mille fois heureux, ceux qui croient ! Quand l'homme souffre il prie, et il est à l'instant soulagé ; la mère qui se prosterne et prie le saint de rendre la santé à son enfant, retourne à sa chaumière le cœur plus allégé. Mais, sans vouloir déclamer contre la superstition, il existe ici quelque chose de fâcheux qu'il est peut-être utile de signaler. Un enfant exprime par ses cris ses souffrances ; plus il crie, plus aussi il souffre. Combien n'est-il pas dangereux de transporter une si frêle créature, souvent à une grande distance et de l'exposer à l'air froid et humide du matin ; lorsque des soins plus intelligents seraient mieux convenables. J'en ai vu moi-même périr plusieurs, à la suite d'un pélérinage à *saint Cri*, qui encore une fois n'existe que dans l'imagination des habitants de ces contrées.

CHAPITRE VIII.

LE CHATEAU D'ANSE, AUTREFOIS DES COMTES DE LYON.

On voit au midi de la ville d'Anse, l'ancien château fort des comtes de Lyon. Malgré les recherches les plus actives, il nous a été impossible de connaître précisément la date où il fut construit. Cependant, nous avons pu nous convaincre en lisant les titres concernant le four banal d'Anse, qu'il existait déjà en 1260, mais il ne doit pas remonter au-delà du XIe siècle ; car c'est seulement à cette époque que nos seigneurs les Obéanciers d'Anse, connus ensuite sous le nom de comtes, hauts et puissants personnages, tous issus des premières familles de la province, voulurent aussi avoir des demeures splendides.

Sa position est bien choisie ; il est placé au milieu d'un pays justement renommé par sa beauté, où la nature généreuse dans ses bienfaits a réuni avec tant de prodigalité les sites les plus variés, qu'elle semble même avoir épuisé là tous ses trésors.

Il présente un grand bâtiment assez bien conservé, percé irrégulièrement de plusieurs fenêtres de différentes dimensions, flanqué de deux énormes tours, que l'on voit de très loin : une au midi, l'autre au nord. La première parfaitement ronde, haute de 35 mètres. Avant 1728, elle était beaucoup plus élevée, et surmontée d'une flèche qui semblait percer les nues. Cette tour renfermait un moulin à vent qui, ainsi que la flèche, fut alors incendié par le feu du ciel ; comme elle menaçait ruine, elle fut démolie jusqu'où on la voit encore aujourd'hui. Depuis ce temps, elle n'a point été recouverte. A sa partie supérieure et au couchant, on aperçoit des meurtrières.

La seconde tour a cela de remarquable, qu'on croirait qu'elle penche tellement, qu'on serait tenté d'hésiter à passer près d'elle ; elle est recouverte d'un toit coquet et gracieux. Aux trois quarts de sa hauteur, au midi et au couchant, on remarque des créneaux et des meurtrières, qui ont servi dans le XVI.e siècle à jeter des moëllons sur les Huguenots.

Hâtons-nous d'entrer par la porte pratiquée au nord de la tour qui penche, où on remarque l'énorme épaisseur des murs, puis une cour entourée de murailles très élevées, au fond de laquelle existe un escalier en spirale qui conduit dans toutes les parties de cet édifice. On remarque au premier étage, la grande et magnifique salle de réception des anciens comtes. Montons, sans nous arrêter, au-dessus de la tour découverte, aujourd'hui la demeure des hiboux et des oiseaux de proie ; jamais plus beau spectacle ne peut frapper un regard humain. On est d'abord surpris et ébloui : Que de tableaux ravissants ! On découvre à l'orient et dans le lointain ces montagnes du Mont-Blanc qui semblent se fondre avec le firmament ; au midi le mont d'Or et ce cercle magnifique de montagnes qui de l'occident vont bientôt s'unir avec les riches monts du Beaujolais. De tous côtés, quel ensemble dans les détails. Là, c'est la Saône présentant partout l'aspect le plus animé : elle coule si lentement, qu'on ne peut distinguer de quel côté est son cours (1). Ailleurs, l'Azergues par son cours capricieux et son impétuosité, forme un contraste frappant. On ne peut trop se lasser d'admirer tant de merveilles ! Çà et là ce sont des villes, des bourgs, des villages, des châteaux, des édifices religieux, des demeures splendides tellement rapprochés, qu'on croirait voir une ville immense avec ses monuments gigantesques placés au milieu d'un vaste jardin semé de bosquets.

Après cela, si un instant encore vous laissez

(1) Du temps de Jules César, la Saône était appelée ARAR. On voit aussi dans ses *commentaires*, que son cours est si peu prononcé, qu'on ignore de quel côté il existe.

aller votre imagination, pour peu que votre cœur batte aux souvenirs des grandes scènes qui ont agité le monde : contemplez les restes de la grandeur romaine, voyez les remparts d'ANTIUM! et les antiques monuments élevés par la piété de nos ancêtres. Ne vous semble-t-il pas entendre là forte voix de ceux qui les ont bâtis, et même le bruit de leurs pas ? O combien du haut de cette tour on est encore petit pour voir Jules César avec ses invincibles légions, Auguste avec ses splendides palais ; Agrippa et Sévère ; ensuite la Gaule avec les Pothin, les Irénée ; la France et tous ses nobles croisés s'apprêtant à faire l'expédition de la Terre-Sainte ; Charlemagne et Napoléon. Quelle foule de héros, de saints et de patriotes. Considérez donc du haut de cette antique tour des comtes de Lyon ce que les révolutions ont entassé pêle-mêle ; on ne peut être que vivement ému et même ébloui après une contemplation aussi ravissante !

En 1562, époque remarquable, où Luther et Calvin levèrent l'étendard de la révolte, on vit la trahison du comte de Sault ouvrir le Lyonnais à l'atroce baron des Adrets. Anse eut beaucoup à souffrir ; car le château soutint un siège contre les Huguenots (1).

Pendant les onze mois que ces derniers restè-

---

(1) Voir du Tou et le dictionnaire historique d'Expilly.

rent maîtres, ils renversèrent bon nombre d'édifices pieux, les bibliothèques et les archives furent spoliées (1). Le culte catholique reparut au milieu de l'allégresse générale, on prit ici des précautions. Le château fut mis dans un état de défense plus complet par la crainte des Huguenots toujours menaçants, et à cause du voisinage de Genève où ils étaient si nombreux. On vit alors d'Epinac et grand nombre de magistrats se jeter dans la ligue.

Toutefois, il en résulta quelque chose de bon, la sollicitude des pasteurs devint plus vive. Ils redoublèrent de zèle pour mieux développer les preuves de la foi : on retrancha du culte tout ce qui pouvait paraître, aux yeux de certains hommes, un peu bizarre et donner lieu aux calomnies.

Nos comtes possédaient de grands domaines et un immense pouvoir temporel ; le pouvoir spirituel leur était de droit échu ; pour le reste on reconnaissait peu en cela les vrais disciples de l'évangile ; car ils avaient des vassaux, des places fortes, un état de maison magnifique. Le gouvernement au résultat était assez doux, la police exceptée. Cependant, nous pouvons dire que dans ces pays la féodalité était tempérée ; nous ne croyons pas que même pendant les plus beaux

---

(1) Voir les monuments de la monarchie française.

jours de la république française, les citoyens aient jamais joui d'une aussi grande liberté, puisqu'on ne pouvait être emprisonné que pour trois espèces de crimes (1).

Il fallait couvrir le feu de bonne heure, on rançonnait fortement le pot de vin. Il existait surtout pour de certaines femmes des rigueurs bien grandes ; elles devaient avant tout chercher à éviter les filets du roi des ribauds (2) ; ce qui amenait de temps en temps de petites guerres, où les rois et quelque fois même les papes étaient pris pour arbitres.

Les comtes seigneurs mentionnaires d'Anse percevaient la dîme, sur laquelle les églises recevaient un sixième, et 50 bichets de blé, orge, seigle etc., étaient prélevés pour les pauvres. Les récoltes ne pouvaient être fermées ni avant le lever, ni après le coucher du soleil. Les droits variaient suivant les lieux : à Anse sur douze gerbes ils en avaient une, tandis qu'à Ambérieux c'était sur treize (3), impôt presque proportionnel. Ils possédaient un immense grenier

(1) Comme on le voit dans les articles de Pirère de Savoie.

(2) Toute femme qui s'émancipait un peu avant dans la nuit, hors des barrières de Vaise, ne pouvait guère les éviter.

(3) On disait dans ces pays : ONZE la douze, DOUZE la treize etc.

d'abondance, que l'on voit encore aujourd'hui dans l'enceinte du palais d'Auguste, précaution très sage à laquelle les Sires du temps ne pensaient guères. Dans un moment de disette, ces provisions n'étaient point réservées pour une spéculation sordide ; il se faisait alors d'abondantes aumônes. Les étrangers recevaient toujours de nos hauts et puissants seigneurs, une hospitalité généreuse. Ils apaisaient promptement les émeutes populaires, même sans employer la grosse artillerie. Ils n'avaient qu'à paraître, et semblable à ce noble et beau vieillard dont parle Virgile, tout rentrait dans le calme.

Mais c'est l'âge d'or, dira-t-on, vous semblez le regretter ? Eh ! mon Dieu non, ce temps est passé, il ne peut et ne doit pas même revenir. Il faut avant tout être de son siècle. Mais dans celui-ci tout n'est pas rose : au lieu de donner la dîme on paie l'impôt; personne ne niera que de ce côté surtout, le progrès dont on nous parle tant, ne se soit pas fait un peu sentir. A cette époque, les hauts dignitaires qui pesaient sur les masses, avaient au moins des formes polies, agréables (à part quelques exceptions très rares), qu'on ne rencontre pas toujours parmi l'aristocratie bâtarde et financière de nos jours ; aussi était-il plus facile d'attendrir les seigneurs d'autrefois que les agents du fisc d'aujourd'hui. Mais encore une fois il faut être de son siècle. Eh bien ! le nôtre est marqué par cette soif ardente de l'or qui tourmente tant les hommes ; par ces entreprises gigantesques qui effrayent l'imagination. Le génie de l'homme commande même aux éléments : la vapeur naît, les chemins de fer couvriront bientôt le globe. Mais au milieu de cet enfantement glorieux, que de catastrophes épouvantables (1) ! Il faut néanmoins s'y résigner, car les avantages en sont, nous dit-on, immenses.

Gardons-nous donc de jeter sans cesse de la boue aux hommes et aux institutions qui nous ont précédé, et n'ont point passés inaperçus pour le bonheur de l'humanité. Quand les abus deviennent trop criants, alors celui qui règne dans les cieux, sait bien provoquer de ces secousses terribles, qui ramènent bientôt l'ordre et l'harmonie au milieu du monde qu'il gouverne. C'est dans ce but sublime que la révolution française a paru tout-à-coup pour secouer la poussière de ses temples et commencer une ère nouvelle.

C'est à cette époque mémorable que nos comtes de Lyon disparurent à jamais (2). La commune

---

(1) Les bûchers de l'antiquité ne peuvent pas même donner une idée de cette horrible catastrophe, survenue sur le chemin de fer de Paris à Versailles.

(2) Plusieurs vieillards se rappellent encore avec plaisir des comtes de Mont-Jouvens et de St-Julien. Celui-ci mourut très-jeune de la petite vérole, et fut vivement regretté, car il était la providence des malheureux.

d'Anse acheta alors leur château pour la somme de 3,000 francs. La vente en fut faite par le district de Villefranche.

Il a servi depuis et pendant longtemps de caserne à la gendarmerie ; il loge aujourd'hui l'instituteur, le garde champêtre et diverses autres personnes. C'est là que siège la justice de paix du canton, et où se tiennent les séances de la mairie. On parle aujourd'hui d'en faire un dépôt de mendicité pour l'arrondissement.

CHAPITRE IX.

LE PONT D'ANSE. — CELUI D'AMBÉRIEUX. — L'AZERGUES. — ENDIGUEMENT DE LA SAONE, RIVE DROITE, DEPUIS FRANS JUSQU'A L'EMBOUCHURE DE L'AZERGUES.

Le pont d'Anse jeté sur l'Azergues, fut construit dans le milieu du dix-septième siècle. Quand on l'examine, il est facile de se convaincre qu'il n'a point été primitivement fait pour recevoir la plus grande masse des eaux de la rivière ; sa direction opposée au courant direct, le peu de développement donné à ses arches, en sont la preuve.

L'ancien plan de l'Azergues que nous avons sous les yeux, portant la date du 20 octobre 1768, nous montre le torrent divisé dans cette grande plaine qui existe depuis Marcilly jusqu'à Anse, où il formait beaucoup de sinuosités et occasionnait dans le temps des crues, des ravages incalculables ; car il enlevait souvent de grandes étendues de terrain, qu'il couvrait de sable et de gravier. La plus grande partie des eaux passait alors sous le pont d'Ambérieux, solidement bâti en 1704, dont une arche seulement sert à l'écoulement des eaux du bief d'un moulin ; tandis que celui d'Anse, qui est chargé à son tour de leur donner passage, ne recevait qu'un faible bras de la rivière, le plus souvent à sec, excepté dans les grandes inondations.

Ce pont a six arches, une seule est grande, les autres au contraire sont d'une petite dimension, deux ont même été bouchées. Tel qu'il est, il ne peut suffire dans de certains moments à l'écoulement des eaux. L'ouverture de ses arches étant plutôt faite pour les recevoir venant du sud-ouest, ce qui n'ayant pas lieu, est encore un obstacle de plus à leur libre circulation.

Néanmoins il est très solide ; car il a souvent résisté à de rudes épreuves, surtout en 1764, 1840 et 1841.

L'Azergues prend sa source dans les plus hautes montagnes du Beaujolais (1), d'où elle se précipite, fortement retenue jusqu'à la plaine. Là, par ses révolutions subites, elle cause de grands dégâts ; principalement lorsque la fonte des neiges, et dans l'été les pluies d'orage surviennent ; on voit ce torrent impétueux, dont

---

(1) A un village appelé Saint-Nizier ; son cours a près de 11 lieues jusqu'à l'embouchure de la Saône.

le cours est le double de celui du Rhône, s'élever à une hauteur prodigieuse, entraîner tout sur son passage, et jeter l'épouvante au milieu des populations de ces contrées. Malheur à l'imprudent qui ose alors braver la fureur de ses flots !

On rapporte qu'un laboureur traversant avec une voiture attelée de deux bœufs, le lit de cette rivière presque à sec, mais après une pluie d'orage, tout-à-coup entend un bruit horrible ! c'est le torrent qui s'avance, il veut hâter le pas de ses bœufs, mais aussitôt il est enveloppé et disparaît à jamais.... Deux jours après, on trouva quelques débris de la voiture dans la plaine du Grand Champ; mais l'homme et les bœufs furent sans doute engloutis sous les sables.

Pendant l'été de 1765, le ciel s'obscurcit d'un nuage qui couvrait seulement la cîme de cette montagne, où on remarque les villages de Marcy et de Charnay, ce nuage devient peu à peu horriblement noir ! s'ouvre et laisse tomber un déluge d'eau, qui se précipite avec un fracas épouvantable, déracinant même les arbres d'une hauteur prodigieuse, entraînant surtout les belles ruines du vieux château de Marcy (1) dans

---

(1) Depuis que nous essayons d'écrire l'histoire de ce pays : il nous a été remis un vieux manuscrit où il est beaucoup question d'un antique château et d'une baronne à deux têtes. Comme le tout nous semblait un peu bi-

la direction du village de Morancé, dont plus des deux tiers furent entièrement détruits. Ce terrible fléau s'avance dans la plaine, se fraye un chemin sur la grande route des Chères à Anse, pour de là étendre ses affreux ravages sur les communes de Quincieux, Bully et Ambérieux.

Le pont d'Anse fut bientôt obstrué par une quantité de débris de tous genres, des arbres, des tonneaux vides et pleins, des instruments aratoires. On vit avec effroi plusieurs berceaux dans lesquels étaient des enfants!... Hommes, femmes, quantité de bestiaux, tous entraînés et allant violemment heurter contre le premier obstacle ; en un mot, tout ce qui se trouva sur le passage de cette affreuse inondation fut emporté : on eut à regretter la perte de 28 personnes.

Après cet évènement, on trouva une grande cuve arrêtée entre plusieurs chênes à une hauteur de plus de cinq mètres.

Cette scène épouvantable eut lieu pendant la nuit du 20 au 21 juin ; figurez-vous quelle hor-

zarre et même extraordinaire, nous avons cru devoir prendre là-dessus des informations sur les lieux ; on nous a dit : que là où l'on voit aujourd'hui le télégraphe de Marcy, il y avait autrefois un vieux château généralement connu dans le pays sous le nom de *château de la femme à deux têtes*. De plus, on nous a assuré qu'il y a bien des années, en y faisant des fouilles, on découvrit un cercueil en plomb contenant un seul squelette, deux têtes et deux colonnes cervicales.

rible confusion devait régner au milieu de cette nuit d'horreur !

Depuis ce déluge local, une partie du territoire de Marcy, Charnay et Morancé, est encore de nos jours frappée de stérilité.

On vint promptement au secours du village de Morancé ; il y eut même une décision royale qui l'exempta de l'impôt pendant quinze années (1).

En 1789, pour remédier aux immenses dégâts occasionnés par les inondations de l'Azergues, l'état, par l'intermédiaire de M. de Flesselles, alors intendant de justice, police et finances de la ville et généralité de Lyon, changea le lit de ce torrent, qui, depuis Marcilly, fut dirigé sous le pont d'Anse, pour venir s'embrancher à la rivière de la Saône presque vis-à-vis Saint-Bernard.

Si, au lieu de le faire passer au milieu de la plaine, on eût suivi le tracé d'abord projeté du sud-ouest ; la montagne sur une longue étendue, aurait sans cesse garanti la rive gauche ; conduisant ainsi mieux les eaux, suivant la direction des arches du pont d'Anse, pour delà traverser obliquement la Bordière, se jeter dans la Saône en face du Quart, où elle est large et surtout

(1) Ce village est aujourd'hui un des plus riches de la France ; il compte quantité d'électeurs pour la nomination des députés.

très profonde : mais il paraît que déjà dans ce temps-là, l'intérêt particulier l'emportait souvent sur l'intérêt général.

On fut donc forcé afin de maintenir la rivière dans son lit, ou pour l'y faire rentrer, lorsque par quelque évènement elle cherchait à s'en éloigner, de pratiquer des éperons en pierre et principalement en bois, composés de trois chevalets, de douze forts piquets et de cinquante fagots, le tout solidement chevillé et lié ensemble. Les éperons étaient inclinés sur un angle de 45 degrés en aval avec les rives du canal ou les berges, et ils étaient inclinés en baissant du côté du courant de l'eau. Le gouvernement fit des frais immenses, et chaque année 11,500 fr. étaient employés à l'entretien des berges et du lit de la rivière, qui ne devait pas avoir moins de 65 mètres de largeur.

Mais depuis la révolution, ces sages précautions ont été abandonnées. Il est vrai qu'à cette époque, l'état avait bien à se garantir d'autres invasions plus redoutables que celles de l'Azergues. Aujourd'hui qu'on nous fait si bien goûter les charmes de la paix, on devrait bien songer un peu à empêcher l'accroissement d'un mal qui est déjà si grand : encore quelques années, et il ne restera plus rien de ces travaux si utiles opérés à une autre époque.

Ce qu'il y a de déplorable, c'est que non seulement les digues sont détruites par les fortes eaux ; mais encore par la rapacité de certains propriétaires, qui en enlèvent les terres pour couvrir leurs champs et les agrandir. S'ils l'osaient, ils s'empareraient même du lit de la rivière.

Soyez étonnés après cela, que depuis Marcilly jusqu'à Anse, plus de 9,000 bicherées ont été enlevées à l'agriculture.

N'est-il pas temps enfin d'arrêter les progrès d'un si grand fléau?

Après les désastres de 1840 et 1841, où les eaux de l'Azergues débordèrent sur la grande route, à la hauteur de près d'un mètre; si elles eussent rencontré là un obstacle, que serait alors devenu Anse, forcé de recevoir une énorme masse d'eau.....

Après cela, dis-je, on devait espérer qu'on remédierait à un si grand danger. La commune d'Anse fit de vives réclamations; on nous assure qu'à plusieurs reprises, le conseil général et celui d'arrondissement, ont émis le vœu de faire droit à ces justes demandes. Eh bien ! qu'a-t-on fait ? rien. Seulement pour prouver qu'on s'occupe de cette importante affaire, on aperçoit de temps en temps sur le pont, des ingénieurs, qui ont l'air de prendre des mesures, ou de regarder couler l'eau.

Cependant il n'est plus possible de rester dans l'inaction. — Il est urgent d'agir. — Qu'attend-on? qu'Anse ait de nouveaux malheurs à déplorer, sans doute.

Le pont d'Anse ne peut recevoir toutes les eaux de l'Azergues dans les fortes crues ; plusieurs de ses arches sont même entièrement bouchées ; ne le fussent-elles point, qu'il y aurait toujours un trop grand obstacle, il est facile de s'en convaincre chaque fois que ce torrent a beaucoup grossi, on voit alors les eaux plus élevées en amont qu'en aval du pont, se presser avec fureur pour en franchir les arches trop étroites, entraînant avec elles une si grande quantité de sable et de gravier jusque dans le lit de la Saône ; que si on n'y remédie promptement, on aura là des montagnes qui opposeront un obstacle insurmontable à la navigation. Il conviendrait donc de rétablir l'ancien lit de l'Azergues avec les berges plantées d'arbres, qu'on abandonnerait aux propriétaires riverains, en exigeant d'eux autant que possible qu'ils les entretinssent ; ce qui ne coûterait rien à l'état, et surtout rendrait à l'agriculture des terreins immenses, qui avec le temps se bonifiant, augmenterait aussi les revenus du fisc, ce qui n'est pas à dédaigner. Il faudrait surtout diviser l'Azergues afin de faire passer une partie de ses eaux un peu plus haut que le moulin de la Thibaudière, pour de là les diriger sous le pont d'Ambérieux (qui est très solide et bien fait) dans la Saône, en face la petite rivière de Froment. On pourrait draguer la Saône dans cette partie où elle est tant encombrée, et diminuer les crues estivales de cette rivière, de plus en plus menaçantes, surtout pour cette vaste prairie qui s'étend au sud depuis la chaussée de l'Azergues, et au nord jusqu'au grand chemin de Riotier. Un assainissement est impossible. Un endiguement insubmersible n'empêcherait pas les infiltrations des eaux de la Saône; celles de pluie arrivant de toutes les montagnes voisines, quelquefois en très-grande quantité, ne trouveraient aucun écoulement, et ne dédommagerait pas des frais énormes qu'il occasionnerait, surtout depuis le pont Lagoutte jusqu'à Riotier; car il faudrait nécessairement battre piloti pour consolider dans cet endroit l'endiguement; une simple inspection des lieux le prouve suffisamment. Mais d'importantes améliorations sont indispensables, et celles-là pourront peut-être satisfaire les moins exigeants, elles consisteraient :

1.º En une réparation totale du bief Lagoutte, de ses vannes et son curement bisanuel.

2.º En l'établissement d'un autre ruisseau d'écoulement, qui commençant à l'angle sud-ouest du bief actuel, irait aboutir sous le pont situé à l'extrémité de la chaussée de l'Azergues. Les eaux trouveraient dans cet endroit un débouché d'autant plus prompt, qu'elles auraient un mètre environ de pente : travail qui doublerait la valeur de la basse prairie.

3.° En l'établissement sur les bords de la Saône, depuis le fossé des Dames jusqu'au grand bâtiment de M. Blanc, d'une chaussée avec glacis en pierre de la hauteur actuelle du pont.

Il faudrait avoir soin de donner à la chaussée une douce pente afin d'éviter un courant qui causerait des affouillements. — D'employer un homme intelligent pour lever ou baisser les vannes en temps opportun.

Cette chaussée garantirait, je pense, des inondations du printemps et de l'été, donnerait surtout un bon chemin pour desservir la haute prairie et le territoire de Bourdelan, servirait de clôture aux prés longeant la Saône, dont les récoltes sont en grande partie détruites par le flux et reflux de cette rivière, le passage des piétons, des voitures et la dent des bestiaux etc.

Ce système ne priverait pas d'une partie de cette marne, qui selon quelques opinions, fertilise toute la prairie ; et selon d'autres, n'en bonifie que le quart, celui le plus élevé : les terres, et principalement le bois de Bourdelan.

CHAPITRE X.

LA VIGNE DES GARÇONS — LA SAINT ABDON. — FÊTES QUI ONT LIEU A CETTE ÉPOQUE.

Depuis un temps immémorial, les jeunes gens d'Anse possèdent un bien rural, situé au hameau de Grâves, territoire de la Douze, consistant dès le principe en terres, vignes, bois et broussailles, de la contenue d'un hectare 55 ares, le tout connu sous le nom de *vigne des garçons*.

La tradition rapporte, que cet immeuble a été donné par les frères Giraudet, pour en employer le produit à payer plusieurs musiciens, qui joueraient sur la place publique, et feraient danser la jeunesse d'Anse à deux époques fixes : 1.° le jour de la Saint Abdon ; 2.° le troisième jour après la Noël.

Les frères Giraudet exigèrent que sur les revenus par eux concédés, une somme serait prélevée, afin de faire célébrer pour le repos de leur âme, une messe solennelle le lundi de la fête patronale ; sinon, les pauvres de la localité profiteraient seuls des produits de la vigne. Voilà un moyen de passer à la postérité la plus reculée.

Hâtons-nous de rappeler que, les vœux des donataires ont été de tout temps accomplis, excepté seulement depuis plusieurs années ; car la messe solennelle, si formellement exigée, n'est plus célébrée. Il me semble voir ces deux âmes en peine s'en plaindre.

Nous connaissons trop bien les jeunes gens d'Anse, pour douter un seul instant que, leur rappelant les conditions du contrat passé en leur faveur, ils ne s'empressent de s'y conformer.

Combien de fois, les jeunes gens d'Anse, désirant conserver cette propriété, n'eurent-ils pas à lutter, soit contre des hommes puissants, soit contre certains propriétaires leurs voisins, ou les agents du fisc.

Pour garder intacte à travers les siècles cette donation, que d'émeutes, de procès et d'embarras sans nombre, on a cherché à leur opposer.

En 1768, nos garçons d'Anse avaient alors pour voisin un nommé David X..., qui eut le talent d'obtenir ce qu'il réclamait d'un personnage haut placé, M. Ranvier de Bellegarde, conseiller en la sénéchaussée de Lyon. Ce dernier rendit une ordonnance le 4 juillet 1768, qui enleva une grande partie du terrain cédé autrefois à la jeunesse. Celle-ci ne pouvant mieux faire pour le moment, se contenta de protester (1).

Au mois de septembre de l'année suivante (1769), ce même X... eut encore le courage de présenter une requête à M. de Flesselles, alors intendant de justice, police et finances de la généralité de Lyon, prétendant avoir été volé par la jeunesse d'Anse. L'intendant déclara le 3 novembre 1769, *n'y avoir lieu de sa part à statuer, attendu qu'elle n'intéressait point la communauté des habitants d'Anse.* Cet ambitieux voisin ne voulait pas en démordre, il convoitait la vigne. Il était persuadé qu'une communauté ne plaide que difficilement, surtout une communauté de garçons ; cependant, il trouva celle-ci décidée à se défendre ; car, dans cette circonstance, comme toujours, elle montra un zèle ardent. Ils implorèrent alors la médiation des comtes de Lyon, seigneurs de la commune d'Anse. Ceux-ci après des conférences avec les parties, se montrèrent très bienveillants envers cette communauté ; ils chargèrent leur notaire de rédiger un projet de traité ; mais, malgré la bonne volonté des comtes, il fut impossible de régler convenablement cette affaire.

(1) Tous les titres concernant la vigne des garçons, sont déposés aux archives de la mairie.

Bientôt éclata la révolution française. Inutile de rappeler tout ce qui se passa alors : disons seulement que les jeunes gens si longtemps frustrés dans leurs droits, firent entendre de terribles menaces, plantèrent des bornes, passèrent enfin des conventions solidement stipulées, et rentrèrent dans la paisible jouissance de leur domaine.

La vigne fut affermée pour la somme de 200 francs (1). En 1813, malgré les titres les plus authentiques, les agents du fisc en demandèrent la vente au profit de la caisse d'amortissement, en vertu de la loi du 20 mars 1813. C'est alors que les jeunes gens redoublèrent d'efforts et de zèle pour surmonter ce nouvel obstacle ; ils prouvèrent que cet immeuble a été donné pour en employer le produit aux frais d'une fête balladoire et de la célébration d'une messe. En effet, il ne peut être permis d'en changer la destination ; sans manquer à une clause essentielle de la libéralité.

D'ailleurs, cette vigne n'a jamais été considérée comme une propriété communale. Dans aucun temps, ni les syndics, ni les municipalités, ni les maires, ni l'administration enfin, ne se sont immiscés dans sa jouissance ; car, de tout temps, la cote au rôle foncier est ouverte sous la dénomination de *garçons d'Anse*, soit sur

---

(1) Aujourd'hui ce prix a presque doublé.

les états de section, soit sur les matrices, soit enfin sur tous les tableaux de contributions, plans et autres, qui ont passé sous nos yeux.

Aussi, ils gagnèrent leur procès. Ils jouissent aujourd'hui paisiblement d'un bien qu'on n'essayera plus à leur contester. D'ailleurs, les revenus de cette vigne sont utiles, non-seulement pour l'agrément de la commune, mais encore dans son intérêt. Il n'y a pas de spectacle dans les petites villes, il est juste qu'il s'y trouve des établissements, qui, semblables aux théâtres dans les villes, sont destinés à l'amusement du public.

Quand le jour de la fête, vulgairement connu sous le nom de *vogue*, approche, tout aussitôt, et comme par enchantement, un changement subit s'opère dans la petite ville d'Anse ordinairement si paisible. On entend de nombreux coups de boîtes, on voit aller, venir, courir tous les habitants de la localité, auxquels se mêlent des personnages nouveaux. C'est d'abord, une légion d'étameurs de casseroles, cuillères, fourchettes etc. : ce sont tous les marchands, traiteurs, bouchers, pâtissiers et boulangers. Chaque famille consomme ces jours de fêtes, une énorme quantité de viandes de boucheries, la plupart 20 à 25 kilogrammes, sans compter les volailles de toutes espèces. Il se boit alors du vin par torrent. Ce qui surprend, c'est le nombre considérable de pâtés faits à cette époque. Il est vrai, que ce jour-là, on fête ses parents, ses amis, et chacun est alors d'une grande édacité ! Ce qui se passe à Anse, où les habitants sont assez polyphages, est encore moins effrayant, que dans certains villages des environs. Ces jours-là, il en est qui ingèrent dans leur estomac, l'équivalent en poids de la nourriture d'au moins trois maçons limousins, et, en tenant compte de l'abondance et de la richesse des sucs nutritifs, ce que n'assimile pas en huit jours, une nombreuse famille périgourdine. C'est là ce qui s'appelle dignement fêter le patron de sa paroisse.

Plus on approche du jour tant désiré, plus aussi le mouvement augmente ; on dresse l'orchestre, on dispose les chevaux de bois et les chars aériens. Enfin le dimanche, premier jour de la fête, dès le matin, la place de la Paneterie, prend un faux air de foire ; quelques marchands et surtout beaucoup de jeux de hasard s'y font remarquer. Les habitants des villes et des riches campagnes des environs arrivent ; peu à peu, la foule augmente à tel point, que sur la place où se tient la VOGUE, il est presque impossible de pouvoir circuler.

Il est vrai de dire, que cette place est trop petite. Quelle belle fête, si les danses avaient lieu sur un plus vaste emplacement.

Avant de commencer les jeux et les danses, les jeunes gens, musique en tête, commandés par leur capitaine, se dirigent vers le territoire de la Douze. Là, ils se reposent à l'ombre d'un arbre séculaire planté par les frères Giraudet, et, tout en bénissant la mémoire, de ces deux braves garçons, leurs bienfaiteurs, ils font d'amples libations. Ils rentrent en ville et donnent le signal des jeux, que la foule attend avec impatience.

C'est la *course des dames*. Un beau prix est décerné à celle qui est la meilleure coureuse. Les dames de tous les pays sont admises à cet exercice : on n'exige pas même leur extrait de naissance. Mais, ce qui est par dessus tout recommandé : *mise décente est de rigueur*. Cet exercice est vraiment très curieux, surtout, lorsque le vent agite les voiles, et laisse voir ces *dames* courant comme des sauterelles.

Ensuite, le *pot cassé*. Figurez-vous une cruche pleine d'eau, dans laquelle est un canard. On va à tâtons, un bandeau sur les yeux, armé d'un énorme bâton ; le plus *clairvoyant* frappe à tour de bras, et reçoit sur la tête le contenant et le contenu ; c'est dur et en même temps très rafraîchissant.

A 5 heures après midi, les danses s'ouvrent par de nouvelles libations, la distribution des gâteaux, puis le grand rond, et, les quadrilles commencent. Hélas ! qu'est devenu le temps, cet heureux temps, où la jeunesse rustique dans les fêtes balladoires, surtout les jeunes filles, ne dansaient jamais que le chapeau sur les yeux ; elles mettaient alors toute leur vanité à passer rosière à leur tour, elles étaient simples comme on l'était autrefois au village ; aujourd'hui, c'est bien différent. Quel luxe effrayant! On voit des poitrines présentant à l'œil, tout l'étalage d'une boutique d'orfévrerie ; et, on ne craint pas de danser un petit bout de cancan.

Mais, ce qui doit par dessus tout attirer les regards, c'est la *coiffe à la paysanne*, que nos Ansoises semblent vouloir abandonner. Comme ça leur va bien, placée sur une énorme chevelure (1), ordinairement noire, comme les ailes d'un corbeau ; d'où de chaque côté, s'échappent de jolis petits frisons. Oh ! oui vous êtes ce jour-là, vraiment admirables! Pourquoi faut-il que la Saint Abdon dure si peu de temps ?

Enfin, le bal se prolonge bien avant dans la nuit, feu d'artifice etc. Comme il n'y a point de fête sans lendemain, le lundi matin a lieu le *tir à l'oie*. Figurez-vous une pauvre bête attachée vivante à une grosse corde, placée de manière, que chacun à son tour, monté sur un cheval de charrette, se hâte lentement de courir, et tire

(1) Je suis certain qu'il n'existe pas de pays dans le monde où les femmes aient une aussi belle chevelure. On peut facilement s'en convaincre, lorsqu'elles se coiffent de la sorte. On reconnait bien en cela la femme de la *Gaule Chevelue, Comata*.

avec force le cou de l'animal. Quelle cruauté ! Qui ignore, que le Capitole romain, sur le point d'être pris par les Gaulois, fut sauvé par l'oie ; c'est depuis cette époque, que les Gaulois, puis les Français, lui ont sans doute voué une haine trop durable : ce qui explique pourquoi et comment, ce jeu barbare s'est perpétué de siècle en siècle, jusqu'à nous.

Après cette exécution a lieu le *tir de l'anguille*. La différence qui existe entre ces deux jeux, c'est que dans le premier, on arrache la tête et dans le second la queue. Ce sont là les jeux, que le plus souvent on offre à la curiosité publique, à l'époque de la St-Abdon.

Les danses recommencent le soir, comme le jour précédent. C'est ainsi que pendant deux jours, les galas, les jeux, les danses, se prolongent bien avant dans la nuit ; après, comme vous le pensez bien, s'opère le grand œuvre de la digestion !...

CHAPITRE XI.

L'HOPITAL D'ANSE.

L'abbé Expilly dans son dictionnaire géographique, à l'article Anse, nous apprend, que l'hôpital de cette ville existait jadis à St-Romain. Il fut détruit en 1752, se trouvant alors sur le chemin qu'on faisait d'Anse à Villefranche.

Mais, comme cet hospice subsistait sans lettres patentes et presque sans revenus, on ne put donc l'élever de nouveau.

Cependant, ses revenus se sont passablement augmentés ; vu la petite population de cette commune, et le peu de véritables pauvres qui l'habitent, ils sont assez importants, puisqu'ils s'élèvent à la somme de 2,000 francs, ou environ. Ces revenus sont le produit de plusieurs immeubles, vignes, terres et quelques rentes, dont on fait une distribution ordinairement en comestibles, à ceux qui sont ou qu'on suppose être indigents. Cet avantage, joint à plusieurs autres, que possède la petite ville d'Anse, y attirent un assez grand nombre de malheureux, qui aspirent, au bout d'un certain temps, souvent très court, d'avoir part à ces dons. Là encore, plusieurs réformes sont devenues indispensables ; mais, nous laissons au temps et aux hommes qui en sont et seront chargés, le soin de les opérer.

CHAPITRE XII.

ÉVÈNEMENTS DE 1814. — ENTRÉE DES AUTRICHIENS A ANSE.

Avant la fin de l'année 1813, plus de la moitié de la France était envahie, et la capitale menacée. Des détachements de l'armée autrichienne, après s'être emparés du département de l'Ain, n'étaient plus qu'à une faible distance de Lyon, et s'apprêtaient à marcher contre cette ville, laissée sans défense.

Les Français abîmés de douleur après les cruels désastres de Moscou, doutèrent pour la première fois d'eux-mêmes ; et conçurent alors les plus vives craintes. Cette irruption n'avait cependant pas encore dépassé la rivière de la Saône depuis Mâcon, dont l'ennemi était maître. Les habitants des villes et des campagnes, s'empressèrent de cacher ce qu'ils avaient de plus précieux, afin de le soustraire à la rapacité du soldat autrichien. Mais, ce qui devint surtout fatal pour ces contrées, ce fut la présence d'un traître : Augereau étant entré dans un café d'Anse (1), dit à tous ceux qui l'entouraient : *laissez faire ces quinze reliques, nous allons joliment les mal-mener; ne craignez rien, car je suis prêt, ainsi que tous mes frères d'armes, à verser jusqu'à la dernière goutte de mon sang pour la cause de l'empereur.* Ah ! si de semblables paroles eussent été sincères, si l'empereur n'eut point été abandonné de ceux auxquels il avait tout prodigué ; non, jamais la France n'aurait subi le joug, elle était assez forte pour faire payer cher à ses ennemis leur téméraire entreprise.

Dix mille hommes de troupes françaises arrivés en toute hâte d'Espagne, furent dirigés par deux colonnes sur Bourg et Mâcon, ils se rendirent bientôt maîtres de ces deux villes, car, l'ennemi fut battu à la suite de petites affaires d'avant-poste. Les paroles d'Augereau furent de nouveau répétées ; on crut l'ennemi repoussé pour toujours ; pleins de confiance, on s'empressa de déterrer des objets qui avaient été si bien enfouis.

Cependant, malgré la plus grande valeur des troupes françaises, l'armée ennemie si nombreuse (forte au moins de 80,000 hommes), força les Français à battre en retraite jusqu'à S^t.-Georges-de-Reneins. En peu de jours, toutes les communes du Beaujolais, furent inondées de soldats et

---

(1) Café de l'Hydre, où il prit deux petits verres d'eau de vie.

livrées au pillage. Les alliés savaient très bien que la trahison ne leur ferait pas défaut. Pendant plusieurs jours, la petite armée française tint tête à cette multitude innombrable de cavalerie et d'artillerie formidable qui la débordait de toutes parts. Elle soutint vaillamment le choc, pendant toute la matinée du 18 mars dans les plaines au nord de Villefranche ; et, fut néanmoins forcée d'effectuer sa retraite jusque sur les hauteurs de Limonest, laissant ainsi tout le pays derrière elle au pouvoir de l'ennemi.

Le bruit s'était répandu, que les Autrichiens levaient non-seulement de fortes contributions pécuniaires, mais encore, s'emparaient des hommes en état de porter les armes ; et, les faisaient évacuer hors de France, pour empêcher la levée en masse ordonnée par l'empereur. Ils exerçaient de grands ravages. On connaissait tout ce qui s'était déjà passé à Belleville : ces craintes décidèrent la grande majorité des habitants du Beaujolais à se rendre à Lyon, dans l'espoir de trouver dans cette ville plus de sécurité. Aussi, pendant trois jours et trois nuits, la route fut couverte de voitures et d'une foule innombrable qui fuyait. Ce spectacle était déchirant. Ces mêmes raisons décidèrent les habitants d'Anse à agir de la sorte. Les autorités de cette ville, désirant mettre en sûreté leurs personnes, abandonnèrent tout à la merci de l'ennemi. Ce fut sans doute une très grande faute : l'ennemi étant arrivé aux portes d'Anse, attendit en vain quelques instants les représentants de cette commune. Il tira alors trois coups de canon (1), et, vers les cinq heures du soir, y fit son entrée avec une fureur impossible à décrire. Cinquante mille hommes campèrent dans les terres et prairies qui environnent cette petite ville.

Anse fut pendant trois jours et trois nuits en proie à tout ce que la guerre a de plus horrible! Le viol, l'assassinat, le pillage, l'incendie, tout ce que l'imagination peut présenter d'infâme et de révoltant, fut commis par les soldats allemands, qui passent cependant pour être bons.

De jeunes filles se réfugièrent sur les toits, dans des souterrains, pour se soustraire aux outrages d'une soldatesque effrénée. Une femme, après avoir subi les plus cruels outrages, avant et même après sa mort, fut jetée percée de mille coups de feu, dans l'eau du bief d'un moulin (2). Plusieurs habitants en fuyant ce lieu de désolation, perdirent la vie. L'ennemi semblait ainsi prendre plaisir en faisant tout, pour augmenter autant que possible, les cruelles souffrances des malheureuses victimes qu'il immolait à sa vengeance (3).

(1) Ces trois coups de canon allèrent frapper les maisons Bourceret, Burdel et Botet.

(2) M.me Simonin, directrice de la poste aux lettres.

(3) Ainsi périrent MM. Claude Germain, ancien maire,

Les archives de la mairie, le greffe de la justice de paix ont disparu en grande partie. Les études des notaires et leurs papiers, ont été mis dans un désordre absolu. Le cabinet de M. Sain, notaire et maire, devint pendant plusieurs jours un espèce de cabaret, d'autant plus commode, qu'une cave bien garnie était placée au-dessous. Eh! bien, chose inconcevable, les minutes jetées éparses sur les carreaux, salies, froissées par les pieds des soldats (on en voit encore aujourd'hui l'empreinte), pas une ne s'est égarée.

Toutes les habitations de cette ville, ont été entièrement dévalisées ; ce qui n'a pu être emporté, a été brisé. Il était donc impossible de causer un plus grand dégât.

Le château de M. Claude Roch la Grive, placé sur la cîme de la montagne, embrassant les deux hémisphères du levant et du couchant, orné de tout ce que l'opulence pouvait offrir de riche et de beau, devint la proie des flammes ; dans le but d'indiquer aussi aux différents corps de l'armée ennemie, les points occupés.

Tous les maux que ces populations endurèrent, sont incalculables ; car, pendant trois mois, cette

---

Cluney et Alexis Laverrière. Beaucoup d'autres habitants des deux sexes et de tous les âges, perdirent la vie par suite de la frayeur et des mauvais traitements qu'ils éprouvèrent au moment de cette irruption.

armée qui a laissé des traces ineffaçables, a continuellement exercé ses ravages.

Enfin, la Providence et le travail constant des habitants de ces contrées et les récoltes abondantes, ont diminué insensiblement les funestes effets de cette irruption.

Plutôt que de souffrir encore de semblables humiliations, mille fois la mort est préférable. Mais, si la France était jamais menacée, elle se lèverait comme un seul homme, pour exterminer ceux qui oseraient de nouveau tenter de l'envahir.

CHAPITRE XIII.

HAMEAU DE GRAVES. — LES COMMUNAUX. — COLLÉGE. — ÉCOLE. — FOIRES. — ANCIENS FIEFS. — SOURCES. — CARRIÈRE DE PIERRES. — DERNIÈRES RÉFLEXIONS SUR LA VILLE D'ANSE.

HAMEAU DE GRAVES.

Le hameau de Grâves fait partie de la commune d'Anse ; le sol qu'il occupe, était autrefois couvert de bois. Au commencement du XVIIe siècle, on y voyait seulement le château de la Gonthière ; mais, depuis cette époque, la forêt a entièrement disparu, pour faire place à un riche coteau couvert de vignes.

A la cîme de ce hameau, on jouit d'un beau coup-d'œil, soit à l'orient, soit à l'occcident. C'est bien un lieu de prédilection s'il en fût jamais ; car son terrain très productif répand, parmi les habitants, une très grande aisance.

Sur le versant oriental de ce coteau, on aperçoit çà et là de jolies habitations.

Les jeunes gens, la plupart d'une haute stature, s'y distinguent même, parmi les mieux faits de cette contrée.

LES COMMUNAUX.

Anse possède un terrain communal d'une ceraine étendue, situé au lieu appelé le Colombier, sur les bords de la Saône. Les chemins qui traversent cette prairie, sont plantés d'arbres, qui joignent l'utile à l'agréable. Ce terrain présente un grand avantage, seulement à ceux qui ont des bestiaux. Mais, toutes les fois que le bruit se répand, qu'il est question d'opérer la plus simple réforme, on entend alors une rumeur qui semble menacer de renouveler les scènes qui eurent lieu jadis, à propos du four banal.

COLLÉGE.

Anse possédait autrefois, un collége renommé, fondé en 1728 par M. François de Sarron, comte de Lyon, seigneur mentionnaire de la ville d'Anse, qui légua une rente perpétuelle de 150 francs pour élever plusieurs enfants pauvres de cette paroisse. Mais, on a jugé à propos d'en changer la destination ; car en 1789, cette rente fut éteinte, moyennant la somme de 3,000 francs : c'est avec cette somme, que la commune a acheté le vieux château des comtes.

ÉCOLES.

Pour instruire les enfants des deux sexes de cette ville ; il y a un instituteur, des frères Maristes (ces derniers furent dotés par Mme Bottu de la Barmondière) et des sœurs de saint Joseph. Tous, rivalisent de zèle, afin de donner à la jeunesse une éducation morale et religieuse.

L'instituteur occupe une partie des logements de l'ancien château des comtes ; les sœurs de saint Joseph, le grenier d'abondance établi autrefois par ces mêmes comtes, dans l'enceinte du palais d'Auguste ; et les frères Maristes, l'abbaye des Dames de Brienne.

FOIRES.

On sait par des documents historiques et tradition, qu'il existait au XVIIe siècle quatre foires, que, par insouciance, les habitants laissèrent supprimer. Les marchés de Villefranche augmentèrent dès lors considérablement. Cependant, en 1809, un décret impérial fut rendu, qui autorisait la tenue de six foires dans l'année. Les trois premières furent suivies ; mais l'indifférence des habitants, à l'égard des marchands, les éloignèrent à jamais.

ANCIENS FIEFS.

Les anciens fiefs d'Anse étaient autrefois : Bassieux, appartenant aujourd'hui à M. Malbos ; la Fontaine, donnée par Mme la Barmondière à l'archevêché de Lyon ; le Jonchey, à M. Sarton du Jonchey ; Meximieux, à M. Gillet le juge de paix, et St-Try, à M. de Montbellet. Ce dernier surtout, semble réunir tout ce que le luxe et l'opulence ont pu rassembler de commodités, pour en faire un lieu de délices et d'agréments.

SOURCES.

On remarque sur le territoire d'Anse, plusieurs sources d'eaux vives. Deux autrefois faisaient aller des moulins. Une de ces sources, connue sous le nom de Brigneux, dont on raconte des particularités vraiment étonnantes, jouit d'une certaine réputation, elle tarit dans les années pluvieuses, et fournit beaucoup d'eau pendant les plus grandes sècheresses. Quand elle paraît, l'épouvante se répand bientôt dans toute la contrée, chacun s'interroge et se demande quel nouveau fléau va donc fondre sur nous? Est-ce l'imagination effrayée des populations qui a donné lieu à cette histoire ou à ce conte? Nous l'ignorons. Cependant on nous assure, quelle sortit tout-à-coup de terre, pendant l'été de 1813. — Alors invasion de la France par les puissances étrangères, 1813-1814. — Elle parut en 1816. — Grande disette en 1817. — Elle se fit voir encore en 1840. — Chacun se rappelle les terribles inondations qui désolèrent une si grande partie de cette province.

CARRIÈRES DE PIERRES.

Il existe encore, sur le territoire d'Anse, plusieurs carrières qui fournissent de la pierre très recherchée. Elles sont exploitées depuis bien des siècles ; car on sait, que l'église de St-Jean, de Lyon, fut construite (moins le chœur, élevé des débris du *Forum Trajani*) avec les pierres extraites des carrières appartenant autrefois aux comtes de Saint-Jean, de Lyon, situées au coteau de Bassieux.

DERNIÈRES RÉFLEXIONS SUR ANSE.

Il y a bientôt six ans qu'on a abandonné l'ancienne traversée d'Anse, pour la nouvelle ; celle-ci fût sollicitée pendant plus d'un siècle et demi. Cependant on aurait dû supposer que ce changement contribuerait beaucoup à l'embellissement de la ville ; il n'en a rien été. On ne voit que maisons, ayant la forme d'un triangle très aigu ; dans l'intérieur, il est très difficile d'y placer des meubles, car tout est en coins et recoins. Dans les autres quartiers de la ville, qui ont eu beaucoup à souffrir des excursions des bandes armées, il est facile de reconnaître encore de nos jours, les traces du fléau qui l'ont tant de fois boulversé. C'est ainsi que, ses habitations sans cesse brûlées et renversées, étaient seulement relevées à la hâte, telles à peu près que nous les voyons aujourd'hui, sans ordre ni proportion, ce qui choque grandement la vue des étrangers qui la voient. L'intérieur de ses rues, offre un tableau horrible, c'est presque partout une malpropreté hideuse, surtout, dans certaines rues tapissées d'immondices, où il faudrait, lorsqu'on est forcé de les parcourir, monter sur des échasses, pour ne pas *s'en mettre jusqu'aux oreilles.*

Il est permis de compter sur l'autorité locale, dont le zèle éclairé et surtout la fermeté, feront naître un heureux changement. Il est donc nécessaire que tous les citoyens de cette commune, lui aident à supporter autant que possible le lourd fardeau dont elle est chargée.

Si la ville d'Anse est d'une malpropreté repoussante, les environs sont admirables ! Sur les rives de la Saône et de l'Azergues, existent des promenades très agréables. Ces riches coteaux couverts de vignobles, qui s'étendent depuis Lachassagne, Lucenay, jusqu'aux limites de Pommiers, offrent l'aspect le plus beau ! De toutes parts, on voit des châteaux, de jolies habitations ; en un mot, le paysage le plus ravissant et le plus animé. Considérez combien les terres sont bien travaillées, soit dans la plaine du grand champ, soit le long des bords de la route, qui conduit à Villefranche. Partout règne une activité infatigable. On dirait que le génie de Triptolème a présidé à toutes les cultures.

FIN DE LA PREMIÈRE PARTIE.

SECONDE PARTIE.

HISTOIRE

DE

PLUSIEURS VILLAGES

DES ENVIRONS,

FAISANT AUTREFOIS PARTIE DE L'ARCHIPRÊTRÉ

DE L'ANCIENNE VILLE D'ANSE,

PRÉCÉDÉE

D'UNE NOTICE HISTORIQUE

Sur plusieurs inondations qui ont désolé cette contrée.

CHAPITRE PREMIER.

Inondations de l'Azergues et de la Saône. — Inondation survenue sous Childebert II en 580. — Plusieurs historiens qui en font mention, sont peu d'accord sur sa date. — Inondation de 1196. — Suspension d'armes entre Richard Cœur-de-Lion et Philippe Auguste. — Inondations de 1268, 1301, 1408, 1584, 1602 et 1606 ; cette dernière fut des plus terribles. — Froid très grand. — Curieux évènement concernant un simple ouvrier nommé Besson. — Inscriptions conservées a Saint-Bernard. — Celles de 1667 et de 1711. — Inondation de 1840. — Ce qui arriva de remarquable à Chazay. — Proclamation de M. le Sous-préfet de Villefranche.

L'Azergues et la Saône ont souvent offert à ces contrées, l'effrayant spectacle de leurs débordements ; que de nombreux désastres, n'ont-elles pas fréquemment éprouvées, de leur double voisinage.

Comme nous avons déjà parlé des inondations de l'Azergues dans le chapitre IX, nous tâcherons d'en compléter ici l'historique, surtout, pour ce qui a trait à la terrible inondation de 1840.

INONDATION DE 580.

Plusieurs historiens nous ont conservé le souvenir de cette grande inondation ; la date n'en est cependant pas très certaine. Poullin de Lumina rapporte qu'elle eut lieu l'an 583, Paradin, en 592, et Rubis, en 593. Nous préférons la date de 580, parce que Grégoire de Tours, auteur très ancien et érudit, nous apprend qu'elle eut lieu, la cinquième année du règne de Childebert II. On sait que ce prince, monta sur le trône en 575. Tous les historiens qui en parlent, disent que, les habitants de la plaine s'empressèrent de gagner les plus hautes montagnes, redoutant un second déluge.

Cette terrible inondation, fut même suivie d'une affreuse peste, qui fit périr plus des deux tiers des habitants des villes et des campagnes.

Il y eut cette année, cela de remarquable, que les arbres fleurirent dans le courant du mois de septembre.

INONDATION DE 1196.

Cette inondation, quoique moins funeste que la précédente, causa néanmoins de grands dégâts. La Saône qui déborde ordinairement si lentement, sortit tout-à-coup de son lit pour s'étendre bien avant dans la plaine, et surprendre le laboureur étonné. Mais, le principal fait, qui nous conserve la date de cette inondation, c'est qu'elle fit suspendre les hostilités déjà commencées, entre Richard Cœur-de-Lion et Philippe-Auguste.

INONDATION DE 1268.

En 1268, les eaux firent tant de ravages dans nos contrées, que beaucoup d'habitations furent renversées. Les affluents débordèrent tout-à-coup. On eut à regretter la perte d'une quantité de personnes. Une partie de l'île de Grelonge, sur la Saône, où se trouvait un couvent de dames Bénédictines, fut presqu'entièrement détruite. Ces dames furent forcées de la déserter, et d'abandonner leur monastère, comme le prouve le procès-verbal des visiteurs de Cluny ; qui fut alors rédigé (1).

Aqua consumit insulam, et necesse fuit exire moniales hoc anno de insula Greolenga, propter inundationem aquarum.

---

(1) Elles se retirèrent à Salles.

INONDATION DE 1501.

Cette inondation fut aussi terrible par ses effets, que la précédente ; car, les eaux séjournèrent si longtemps dans les maisons que, peu de semaines après qu'elles se furent retirées, il survint une peste, qui fit périr un grand nombre de personnes.

INONDATION DE 1408.

Plusieurs historiens, en rappelant cette inondation, rapportent que les désastres occasionnés dans ces pays furent si grands, que Charles V accorda aux malheureux inondés à titre d'indemnité, et même pendant quatre années, une exemption du tiers des droits d'*aide*.

INONDATION DE 1584.

Cette inondation eut lieu au milieu de l'hiver. La Saône déborda même tout-à-coup ; car les affluents qui se jettent dans cette rivière, grossirent subitement à la suite d'une pluie battante, et pendant plusieurs jours. Le Père Fodéré nous apprend, que le Morgon occasionna de grands dégâts : « Vray est que l'an 1584, le 10 janvier fut vne si grande inondation, que l'eau estant partout le couvent si haute, qu'il fallait faire le diuin service au dortoir, sans que l'on put descendre à l'église ni aux officines. » *Voir Fodéré, histoire des couvents de l'ordre de Saint-François, fol.* 322 (1).

---

(1) Ce couvent existait alors au lieu où l'on voit aujourd'hui la Sous-Préfecture, la Prison et le Tribunal de Villefranche.

INONDATION DE 1602.

Depuis 1408, les historiens nous parlent de plusieurs inondations, survenues en 1476, 1501, 1572 ; mais, celle de 1602, a été la plus terrible. Elle occasionna de grands dégâts, et eut lieu à la fin de décembre. Le froid qui survint tout-à-coup, gela l'eau jusques dans les maisons, ce qui amena au printemps suivant, des épidémies meurtrières.

On doit faire ici cette remarque : chaque fois que l'eau a séjourné quelque temps dans les maisons, il en est toujours résulté une grande mortalité.

FROID TRÈS GRAND

ET

INONDATION DE 1607.

Le froid fut si grand en 1607, que toutes les rivières gelèrent; il dura plus de deux mois. Les historiens rapportent que, grand nombre de voyageurs furent trouvés morts sur les routes. Le gibier fut alors, en partie, détruit; les animaux dans les étables en souffrirent beaucoup. Les végétaux de toutes espèces gelèrent presque entièrement.

Quand le dégel survint, il causa encore de grands dégâts ; car, de distance en distance, des montagnes de glaces s'étaient accumulées dans le lit de la Saône. De toutes parts on adressait des vœux au Tout-Puissant, pour le prier de faire cesser une si grande calamité. Lyon fut principalement effrayé : une de ces montagnes de glaces s'étant arrêtée en face de l'église de l'Observance, on craignait vivement, que le pont de pierre (qu'on vient de démolir, et le seul qui existât alors sur la Saône), ne fut entraîné par la violence du choc, les glaces se détachant tout-à-coup.

Il est curieux de lire, à ce sujet, Mezerai, dans son histoire de France, et de voir tout ce qui se passa alors de remarquable. Un simple ouvrier, nommé Besson, va trouver le Consulat, promet d'opérer lentement, sans aucun danger, la débâcle des glaces, et de ramener promptement, par les moyens qui sont en son pouvoir, le calme dans les esprits justement alarmés. Comment ne pas se rendre à une semblable proposition? c'est ce que fit le Consulat : de plus, il promit à Besson, en cas de réussite, la somme de 600 livres, et même une place de commis aux portes. Le résultat fut tel que l'artisan l'avait annoncé. Il fit pour cela, deux ou trois feux de distance en distance ; se mit à marmotter de certaines paroles avec un air vraiment inspiré, et en peu d'instants cet énorme quantité de glaces se détacha graduellement sans occasionner le plus léger dégât. Celui qui venait d'opérer une telle merveille, n'eut pas à se louer ni du Consulat ni des savants de l'époque ; car, ce même Consulat, après avoir promis la somme convenue, consulta là-dessus les théologiens; ceux-ci déclarèrent : *que Besson avait eu recours à des sortilèges ; car à plusieurs reprises on l'avait vu, se tourner vers les quatre parties du monde, en prononçant des noms qui prouvaient, qu'il était d'intelligence avec Satan.* Besson sut se défendre avec force, il fit la déclaration de sa recette ; c'était temps, car on fut sur le point de lui infliger la peine terrible qu'encouraient à cette époque les sorciers.

Cette même recette fut brûlée sur la place publique.

Plus tard, le consulat cédant aux demandes de Besson, lui accorda seulement, la somme de 100 livres.

INONDATION DE 1667.

Cette inondation fut très grande, on peut encore très bien se convaincre de la hauteur que les eaux atteignirent ; car à la porte occidentale de Saint-Bernard (village situé en face d'Anse), non loin des bords de la Saône (rive gauche), on y remarque cette inscription :

LE 28

SEPTEMBRE

1667 LA

SAVNE A

ESTÉ A

CESTE

┼

INONDATION DE 1711.

Cette inondation fut encore plus grande que la précédente, comme il est facile de s'en convaincre en lisant l'inscription suivante, que l'on voit aussi à la porte de ce même village de Saint-Bernard.

LE 28 FEVRIER 1711

LA SAVNE A ESTÉ

A CESTE CROIX

†

Les historiens nous apprennent, que les ravages et les pertes causés par cette inondation ont été extraordinaires.

En 1756, 1767, 1773, 1783 et 1787, les eaux débordèrent, et, occasionnèrent chaque fois des dégâts.

Mais, que de calamités ne nous reste-t-il pas à enregistrer, dont nous-même avons été témoin. C'est de l'épouvantable inondation de 1840 dont nous voulons parler.

INONDATION DE 1840.

A la fin d'octobre 1840, le vent souffla avec tant de véhémence pendant plusieurs jours et fut suivi d'une pluie si furieuse et si continuelle, que, malgré la promesse que Dieu fit à son peupeuple de ne plus le perdre par un déluge, il était bien permis de redouter et de craindre un bouleversement général. On eut dit que toutes les cataractes du ciel étaient lâchées. Le 2 novembre, l'Azergues devint en peu d'instants horrible à voir. Les eaux passèrent sur la grande route, à la hauteur de près d'un mètre ; le pont d'Anse, d'ailleurs si mal construit, ne pouvant convenablement les recevoir (plusieurs de ses arches étant même bouchées), les faisaient refluer en amont. Si les eaux n'eussent point trouvé un débouché du côté de la route royale, que fut alors devenu Anse... La plupart des maisons auraient été emportées par ce torrent impétueux, qui dans ce moment ressemblait au fleuve le Rhône, même (dans les temps de grandes crues. Ce jour-là, à 6 heures du soir, lorsque déjà la nuit avait partout étendu ses voiles sombres, le courrier de Lyon eut mille peines à traverser ce torrent qui s'était formé passage sur la grande route : il fut accompagné dans sa marche périlleuse par le sieur Chanet, qui eut quelque temps après la douleur de voir sa maison emportée par la fureur des flots, qui s'élevaient de minute en minute à une hauteur prodigieuse. Mais hélas ! ce n'était que le commencement des calamités sans nombre qui devaient quelques jours après, jeter partout l'épouvante et l'effroi ; car de même que l'Azergues, tous les autres affluents qui se jettent dans la Saône débordérent bientôt et élevèrent leurs eaux à une telle hauteur, que tout le pays plat, ressemblait à une mer. *Omnia pontus erat.* Quel triste spectacle s'offrait alors ; de toutes parts on voyait les routes couvertes de monde ; on voyait des hommes aller, venir, courir comme des égarés et chercher un refuge sur les hauteurs, emportant ce qu'ils avaient de plus précieux, abandonnant le reste aux eaux qui, déjà, flottaient par-dessus les ponts même les plus élevés. Les bateaux parcouraient les rues pour porter secours à ceux qui n'avaient point voulu d'abord quitter leurs demeures. Au milieu des plus mortelles allarmes, on entend de tous côtés adresser des vœux à l'Être Suprême ; des prières ont lieu dans toutes les églises.

C'est surtout le 4 novembre, que l'épouvante devint générale; car celui qui écrit ces lignes, a vu du haut de la tour ronde du château des comtes de Lyon, un affreux tableau. De là, quelle immense étendue de terrein envahie par les eaux; ô compassion! ô pitié! ô misère déplorable! que de constructions écroulées. A chaque instant de nouvelles maisons éprouvaient le même sort; en peu d'heures, le village d'Ambérieux est presque entièrement détruit, ce qui en reste se détache à chaque instant : on voit d'abord comme un nuage de poussière, puis un bruit sourd semblable à ces montagnes de neige qui se détachent et tombent retentit jusqu'au fond des entrailles; quelle désolation ! Tout ce qui était construit en pisé et qui a été atteint par l'eau fut renversé. Des villes et des villages entiers n'étaient cependant pas construit autrement. On ne voyait de tous côtés que des maisons écroulées et béantes, des charpentes entassées, mêlées avec des débris de meubles, que l'on n'a pas eu le temps d'évacuer. Malgré cet avertissement si terrible, on recommence aujourd'hui à construire presque comme avant cette catastrophe.

Chacun s'empressa de secourir ceux que cette affreuse inondation avait chassé de leurs demeures.

Enfin, dans la nuit du 5 au 6 novembre, cet horrible fléau, entra dans sa période de décroissance.

La route d'Anse à Lyon, fut interceptée pendant seize jours. Je pense qu'après un semblable événement, on ne prononcera plus à tout propos ce dicton si généralement répandu : *Je m'en moque comme de l'an quarante.*

Non seulement ces contrées eurent beaucoup à souffrir, mais encore un grand nombre de départements. Il est juste de dire que, dans toutes les classes de la société, chacun a rivalisé de zèle pour porter secours aux malheureux inondés. Des souscriptions furent ouvertes de toutes parts, et les malheureux promptement secourus. Ambérieux, ce très petit village, annexe de la paroisse d'Anse, a reçu la somme de 33,644 fr. 10 cent. ; Anse, celle de 12,812 fr. 61 cent. (1). Il en fut de même, pour toutes les villes et villages du royaume qui eurent à souffrir de cette affreuse inondation, qui restera à jamais gravée, dans la mémoire des hommes....

---

(1) Dons provenants, soit des collectes faites dans le canton d'Anse, soit dans l'arrondissement par les soins de M. le Sous-Préfet, ainsi que les sommes données par le gouvernement.

INONDATION DE L'AZERGUES EN 1840.

En 1840, Chazay éprouva de grands désastres. A cette époque si terrible, cette commune eu aussi ses actes d'héroïsme.

Le 29 octobre, l'Azergues semblable à un fleuve extraordinairement impétueux, entraînait tout sur son passage. De mémoire d'homme on n'avait vu ce torrent épouvantable, s'élever à une si prodigieuse hauteur.

Le maire de cette commune (1), averti du danger que courait une famille tout entière, dont la maison doit bientôt être renversée par la fureur des eaux, monte à cheval, et, accompagné de plusieurs courageux citoyens, parmi lesquels on distingue le brave Durdilly aîné, pousse sa monture à travers les flots irrités. Alors eut lieu un combat étrange, entre la furie et la rage du torrent, et l'audace de ce digne magistrat, qui

(1) M. Pierroux, il est encore aujourd'hui à la tête de cette commune; ces faits sont en partie restés ignorés parce qu'il était maire, et qu'il n'a pas voulu faire ressortir sa belle et noble conduite.

brave de si grands dangers et ne craint pas d'exposer sa propre vie pour sauver celle de ses concitoyens, dont il semble être vraiment le père : par son exemple, il excite ceux qui l'accompagnent, et huit malheureux furent arrachés à une mort certaine.

Quelques jours après, le 2 novembre, à la seconde inondation, une nombreuse population accourue des villes et des villages circonvoisins, garnissait toute la côte de Chazay qui regarde l'Azergues ; on tremblait que le pont ne fut entraîné, en effet, un long craquement se fait entendre, la foule y répond par un cri douloureux ; hélas ! le pont est emporté, et il ne reste plus suspendu sur l'abîme que la maisonnette renfermant la famille de celui qui en perçoit le péage, c'est-à-dire deux hommes, une femme et quatre enfants. Ils vont être engloutis ; ô quel spectacle déchirant ! Il fallait voir ces malheureux tendre leurs mains suppliantes vers la foule, toute palpitante de cruelles émotions ; il fallait voir ces pauvres petits enfants à genoux, priant le ciel ; puis entendre ces cris : au secours! au secours ! sauvez-nous, nous périssons. Pour arriver jusqu'à eux, la rivière a plus de 900 mètres...., et les eaux s'élèvent toujours de plus en plus ; des cris lamentables partent sans cesse du point où tous les regards sont attachés. Que d'anxiété et d'effroi ; cependant, on vit bientôt sortir de la foule dix courageux citoyens qui n'hésitèrent point à se jeter dans un gouffre aussi affreux. De plus, la nuit approche, bientôt elle règne entièrement ; on dirait que le soleil ne veut point être témoin d'un drame aussi épouvantable. Seulement apparait vaguement au-dessus des flots, la cîme des arbres les plus élevés, où s'accrochent et respirent un instant ceux qui bravent d'aussi grands dangers. Puis, excepté les mugissements de l'Azergues, on ne voit et n'entend plus rien. Enfin, après deux longues heures d'attente, ces hommes sublimes de dévoûment touchent la terre. Un léger radeau formé avec quelques débris du pont, a été pour eux la planche de salut. C'est ainsi que Dieu aidant, ils surmontèrent tous les obstacles, et que cette famille fut encore miraculeusement sauvée (1).

(1) Les citoyens dont il est ici question sont : les trois frères Durdilly, à la tête desquels on distingue encore l'ainé, MM. Maillard, Colomb fils, Guillard fils, Laurier, Albertin et les deux frères Bonny. Nous exprimerons ici notre étonnement, [de ce que, pas un de ces hommes si courageux, n'ait obtenu de récompense de la part du gouvernement.

Nous devons en grande partie ces renseignements à M. Péchet aîné, qui a longtemps habité Chazay et y a créé un pensionnat de jeunes gens ; disons aussi que ce digne citoyen n'a pas passé inaperçu pour le bonheur de cette contrée, car il y a beaucoup propagé l'instruction dont le peuple a tant besoin.

PROCLAMATION

DE M. LE SOUS-PRÉFET DE VILLEFRANCHE.

Au milieu des poignantes misères que l'inondation venait de répandre sur son arrondissement, M. le Sous-Préfet adresse un appel à ses concitoyens, qui ne restèrent point sourds à sa voix.

» Habitants de l'arrondissement de Villefranche !

» D'affreux désastres viennent d'avoir lieu et se continuent encore en ce moment soit dans la ville de Lyon, soit dans les parties voisines de la Saône, qui, hors de son lit depuis huit jours, a dépassé en élévation les plus hautes crues qu'ait signalés le dernier siècle. Des malheurs incalculables ont été jusqu'à présent la conséquence de cet état de choses. Des villages entiers écroulent !... Des produits de toute nature auxquels ils servaient d'entrepôt sont détruits ou entraînés par l'inondation. Les villes de Villefranche, d'Anse, de Belleville, les communes d'Ambérieux, de Béligny, d'Arnas, de Saint-Georges,

Saint-Jean-d'Ardières, de Dracé, de Taponas, les ports de Saint-Bernard, de Frans, de Beauregard, de Rivière n'offrent plus dans certaines parties que des monceaux de ruines, et à côté d'eux la misère nue et sans pain qui appelle la société tout entière à son secours.

» Vous répondrez à cette plainte déchirante, mes chers concitoyens, j'invoque vos offrandes en faveur des victimes que l'inondation réduit au désespoir, le nombre en est grand ; car outre les habitations situées sur le littoral de la Saône, celles voisines des rivières de l'Azergues, de la Turdine, de la Vauxonne, du Morgon et de plusieurs autres affluents ont été détruites elles-mêmes ; ou ont essuyé des dégâts considérables. Il y a donc urgence à réaliser dans le plus court délai le bienfait que j'attends de vous.

» Habitants de l'arrondissement de Villefranche, aidez-moi à fermer la plaie du malheur, et que ma voix bien connue de vous ne soit pas inutile à l'humanité souffrante en présence de l'horrible fléau qui pèse sur nos contrées. »

Le Sous-Préfet,

SYLVAIN BLOT.

CHAPITRE II.

NOMS DES VILLES ET DES VILLAGES DONT IL EST QUESTION DANS CETTE DEUXIÈME PARTIE. — ALIX. — AMBÉRIEUX-D'AZERGUES. — CHARNAY ET BELMONT. — CHASSAGNE (LA) ET SAINT-CYPRIEN. — CHATILLON. — CHAZAY. — LIERGUES. — LUCENAY. — MARCY. — MORANCÉ. — POMMIERS. — POUILLY-LE-MONIAL ET POUILLY-LE-CHATEL. — QUINCIEUX ET SES HAMEAUX. — THEIZÉ ET SES HAMEAUX. — NOTICE HISTORIQUE SUR VILLEFRANCHE. — DEUX MOTS SUR BELLEVILLE. — DESCRIPTION DE SON ÉGLISE.

ALIX ou ALLIX.

Son vieux château. Chapitre noble des dames d'Alix. Séjour de Mme de Genlis dans ce couvent. Tournée pastorale de Mgr le cardinal Fesch. Ce dernier achète plusieurs maisons ayant appartenu aux nobles dames chanoinesses-comtesses, pour en faire un séminaire.

Alix, possédait autrefois un château fort, un prieuré. Aujourd'hui, c'est un village dans le canton d'Anse, et un séminaire remplace un ancien couvent de religieuses.

Ce lieu est surtout devenu célèbre, par un très noble chapitre de chanoinesses de l'ordre de saint Benoît ; nous disons très noble, car, les maisons souveraines des Dauphins de Viennois, des Sires de Beaujeu, des comtes de Forest etc., ont toujours regardé comme un honneur d'y être admises. Le grand prieur de Savigny en était le supérieur majeur. La prieure était nommée par le chapitre, et cette illustre maison avait pour patron, le glorieux saint Denis (1).

Dès le principe, Alix était une vaste solitude, habitée seulement par des bêtes sauvages. Ce lieu vraiment exceptionnel, fut bientôt recherché par ces âmes pieuses qui, dans les temps de ferveur et de piété désiraient, avant tout, s'ensevelir vivantes en Jésus-Christ. Ce fut là aussi, que s'éleva un cloître de saintes filles, où la règle sévère de saint Benoît s'observait ponctuellement. Ce saint, eut déjà pendant sa vie, le

---

(1) Les archives de ce chapitre furent détruites à l'époque de la première révolution. Nous avons donc fait nos recherches d'abord sur les lieux mêmes ; ensuite nous avons eu recours à quelques ouvrages qui traitent des provinces du Lyonnais, Forez et Beaujolais ; mais c'est surtout à une personne qui a très bien connu la dernière prieure et quelques autres dames, que nous sommes redevables de ces précieux et authentiques renseignements.

privilège d'attirer à lui les enfants des plus nobles familles de Rome (1).

On y voit encore, les restes d'un ancien château fort, appartenant à une époque très reculée à la famille de Marzé, une des plus anciennes de la province. Au commencement du siècle dernier, il devint la propriété d'un M. Croppet de Varrissan, seigneur d'Alix.

Les ruines de ce vieux manoir, présentent quelques traces d'architecture sarrazine. On rapporte qu'il correspondait avec les châteaux forts de Charnay, Bagnols, Châtillon etc., formant en cela, un véritable système de forts détachés, qui à cette époque étaient indispensables pour maintenir plus d'une milice féroce et indisciplinée, comme de temps en temps il en apparaissait alors; et qui sans ces moyens de défense auraient tout détruit et tout saccagé.

Ce vieux château présente quelques pans de murailles délabrées, des vestiges de meurtrières et de machicoulis. On y remarque surtout, les restes de ces affreux cachots, où on enterrait tout vivants ceux dont les seigneurs d'autrefois avaient à se plaindre. Un de ces cachots, connu sous le nom d'oubliettes, existe encore ; il est très bien conservé et très curieux à voir ; il

---

(1) Equice et Tertule, tous deux célèbres sénateurs romains, lui confièrent leurs fils Maur et Placide, qui se distinguèrent ensuite, par leurs talents et leurs vertus.

9.

sert même de cave à un vigneron de la localité (1). On nous a raconté qu'en creusant, il n'y a pas encore bien des années, dans ce lieu d'horreur et d'épouvante! on trouva quantité de squelettes très rapprochés les uns des autres et placés perpendiculairement.

Il est impossible, lorsqu'on entre dans cette horrible prison, de ne pas éprouver une sorte d'horripilation qui glace d'effroi. Quoi! c'est donc là que sont morts, sans doute d'une manière bien cruelle, tant de malheureux. Il semble même entendre leurs gémissements. On voit encore l'étroite ouverture par laquelle on jetait ces victimes condamnées à un tel supplice. Une fois là dedans, oubliées de tout le monde, jamais elles ne revoyaient le jour. Elles périssaient de froid et de faim, sans pouvoir faire entendre au-dehors leurs voix suppliantes.

Ce château fort était défendu par un mur d'enceinte, flanqué d'énormes tours rondes dont il reste encore quelques vestiges. On distingue au milieu de ces ruines, et très distinctement, quatre tours, comme on les construisait au commencement du moyen-âge ; ce qui fait supposer qu'un grand nombre d'hommes y étaient renfermés, pour la défense du fort.

Le noble chapitre de Saint-Denis d'Alix est

(1) Ces oubliettes ont été restaurées par les soins de M. Barthélemy Blanc.

très ancien. On sait que les croisades avaient presque totalement changé le bien-être des plus nobles familles de France. Une aussi belle cause, avait non-seulement fait couler le sang le plus précieux, mais encore presque toutes les fortunes avaient été sacrifiées. Les fils de ces preux chevaliers pouvaient bien suivre les traces de leurs pères, c'est-à-dire trouver une mort certaine et glorieuse au milieu des combats; mais leurs filles, pauvres et faibles créatures, que devaient-elles faire? Prier le ciel de bénir les armes de tant et de si nobles soldats! C'est là l'époque où fut créé ce pieux établissement.

Il est certain qu'en 1219, sous Philippe-Auguste, ce chapitre existait déjà. Une charte de la même année, nous apprend que Guichard III, Sire de Beaujeu, promit surtout de le protéger contre l'archevêque de Lyon et son chapitre, en cas qu'ils voulussent l'inquiéter. C'est pour cela que ces dames n'ont jamais cru dépendre de l'archevêché de Lyon, d'une manière très immédiate.

Cependant, ayant eu à se plaindre de certaines contrariétés qu'elles éprouvèrent par la suite, nos religieuses surent faire parvenir leurs doléances jusqu'à Marie Stuart, épouse de François II. Celui-ci, en 1559, les prit sous sa protection et sauve-garde.

Quelques années plus tard, ce chapitre eut beaucoup à souffrir; car, il fut saccagé par le baron Beaumont des Adrets. Il perdit la plus grande partie de ses biens. Les religieuses furent dispersées pour quelque temps. Mais, comme à cette époque, un cloître était souvent recherché avec ardeur, elles se réunissaient de temps en temps pour se soutenir, afin d'attendre de meilleurs jours, mettre autant que possible en pratique la règle de saint Benoît et prier en commun le Dieu des chrétiens.

En 1598, après la paix signée à Vervins, la France heureuse des vertus de son roi et de Sully (qui devrait bien toujours servir de modèle aux ministres présents et futurs), nos dames d'Alix désirèrent voir se relever leur maison. Henri IV, fut plein de sollicitude pour elles, il adressa alors des lettres au sénéchal de Lyon, pour qu'il travailla avec zèle au recouvrement de leurs biens (1) ; ce qu'il fit en effet. Mais bientôt le fer des assassins qui plusieurs fois avait cherché le cœur de Henri, l'atteignit enfin. C'est ainsi que mourut le meilleur des rois, et qu'un nouveau règne amena de nouveaux troubles et de nouvelles factions ; c'est aussi pour cela que ce chapitre fut encore persécuté. Ne dirait-on pas un frêle esquif sans cesse battu par la tempête ?

Enfin, en 1754, il fut entièrement rétabli par

(1) Voir à l'article Alix ou Allix, le dictionnaire de l'abbé d'Expilly, où il est beaucoup question de ce village.

son illustre prieure, Mme Louise de Muzy de Veronin (1), qui n'avait qu'à demander au roi ce qu'elle désirait, pour l'otenir à l'instant même. Elle sut aussi introduire dans sa maison une réforme excessive, soit pour les revenus, soit pour le nombre des chanoinesses, des honneurs et des dignités.

Avant cette époque, on n'avait exigé pour titre de noblesse, que la preuve testimoniale dont on se servait dans les temps reculés ; mais, par arrêt de son conseil de l'année 1754, le roi ordonna qu'à l'avenir, on n'y recevrait plus aucune chanoinesse sans preuve par écrit de cinq quartiers de noblesse, et la mère dut être constatée demoiselle. Ces grandes dames, possédaient alors un état de maison magnifique. Elles semblaient plutôt ambitionner les grandeurs de la terre, que les jouissances d'une vie future. Il est vrai de dire, qu'elles se ressentaient de leur siècle. Placées pour la plupart dans une retraite forcée, enlevées de leur famille, au moment où la vie s'ouvrait pour elles, pleines de joie et de bonheur, où, déjà elles avaient peut-être distingué au milieu de ce monde séduisant, d'élégants seigneurs. Hélas ! il était souvent bien dur, d'em-

---

(1) Tous les vieillards du village d'Alix racontent que Louis XV, avait de bonnes raisons, pour chérir comme sa fille, madame de Veronin. En effet, cette noble et illustre dame, était la bâtarde de Louis XV.

brasser une condition pour laquelle la nature ne les avait point faites. Mais, l'orgueil des grandes familles l'exigeait. On ne pouvait donner à un *malotru* (comme on nommait alors tous ceux qui ne comptaient pas de nombreux quartiers de noblesse), une noble demoiselle. La fortune passait dans les mains du fils aîné, et les filles étaient souvent sacrifiées. On cherchait cependant à les dédommager autant que possible des privations qu'on leur imposait. Dans ce chapitre, chaque dame avait sa maison indépendante ; on recevait de nombreuses visites ; on charmait les ennuis d'une semblable solitude. On s'était fortement relâché de l'ordre de saint Benoît : tant de régularité devenait insupportable ; car cette règle sévère ne peut souffrir le plus léger abus ; elle exige un grand recueillement dans la prière, une grande fidélité dans les plus petits exercices, en un mot, qu'on soit religieux en effet ; et non pas, par la pratique de quelques exercices purement extérieurs, comme on les pratiquait alors ; exercices qui ne gênent et ne mortifient point les passions. Aussi, à cette époque, Alix était-il le rendez-vous de presque toute la France dorée et blasonnée ; c'était à qui pourrait faire des courbettes à Madame Louise de Muzy de Veronin. Cette dernière obtint encore pour son chapitre, une marque distinctive, qui dut être bien agréable, à toutes nos nobles chanoinesses. Par lettres patentes du mois de novembre 1755, le roi leur permit, de porter une médaille d'or, richement ornée et surmontée d'une couronne comtale, attachée à un large ruban ponceau, passé en écharpe ; cette médaille (comme nous l'avons pu voir) était une espèce de croix pattée émaillée de blanc, bordée d'or, et quatre fleurs de lys dans les angles ; d'un côté, on admirait une vierge avec l'enfant Jésus, entouré de cette légende :

NOBILIS INSIGNA VOTI.

De l'autre, autour de l'image de saint Denis, patron de ce chapitre, portant sa tête mitrée, ayant une soutane violette, un surplis blanc et une étole de pourpre, sur un fond rouge hiéroglyphé du martyr avec cette légende :

AVSPICE GALLIARVM PATRONO.

Il fallut aussi, pour être reçu chanoinesse, faire preuve de huit quartiers de noblesse du côté du père, et la mère constatée demoiselle.

On ne pouvait donc entrer dans ce chapitre si l'on ne possédait tous les nombreux titres exigés. Les comtes de Lyon pouvaient seuls examiner les preuves. On était libre de faire des vœux à l'âge prescrit ou même après; si on n'en faisait point, on obtenait seulement le titre de dame et de comtesse. Celles qui faisaient des vœux avaient de très bons revenus; impossible alors de se marier. Elles étaient forcées de résider au chapitre deux ans sur trois, et l'année de liberté se passait où bon leur semblait.

Après avoir fait des vœux, chaque chanoinesse avait le droit d'adopter pour sa nièce une jeune comtesse, sa parente ou non, avec cette condition, formellement ordonnée par les statuts de l'ordre, que la jeune chanoinesse prononcerait ses vœux à l'époque fixée. Elle était ainsi engagée irrévocablement et ne devait plus quitter sa tante. Cela s'appelait *s'aniécer*. La tante adoptive ne manquait jamais de laisser à sa nièce tout ce qu'elle possédait, immeubles, meubles, revenus, bijoux, etc.

Les jours de réception étaient des jours de fêtes, une véritable noce. Tout le chapitre était en émoi; les nobles chanoinesses, habillées comme les grandes dames du monde, avec de magnifiques robes sur des paniers, de grands manteaux richement ornés et garnis d'hermine, couvertes de toutes leurs décorations, conduisaient ainsi à l'église en grande pompe la jeune chanoinesse vêtue de blanc. Après de touchantes cérémonies, le grand prieur remettait à la noble dame, toutes les marques de l'ordre : le cordon bleu, la magnifique croix émaillée attachée à un large ruban ponceau placé en écharpe ; enfin il lui passait au doigt un anneau d'or béni, puis un tout petit morceau d'étoffe noir et blanc était encore posé sur la tête. C'est ce si peu de chose, que les chanoinesses appelaient toujours en souriant, *un mari*... Après cela, à l'exception de l'heure de l'office, tout le restant de la journée se passait en festins et divertissements très agréables, c'était charmant.

Madame la prieure ne se lassait pas de recourir sans cesse au roi de France : après avoir employé de fortes sommes à la reconstruction de plusieurs maisons du chapitre, elle mande un architecte de Lyon, M. Marin de Crenicé, lui fait exécuter un plan, pour la construction d'une nouvelle église, ne trouvant plus l'ancienne assez convenable. Comme elle veut mettre promptement à exécution son projet, elle s'adresse encore à Louis *le bien-aimé*, afin d'en obtenir l'argent nécessaire. Le roi qui toujours, avait tout accordé avec beaucoup de gracieuseté, prononça, cette fois, ces paroles :

Décidément, cette belle dame a la maladie de la pierre. Il lui faut de l'argent? Eh bien! qu'elle le prenne sur les brouillards du Rhône (1).

---

(1) Ces paroles que l'on met dans la bouche de Louis XV, ont été même répétées par plusieurs dames de ce chapitre, entr'autre par Mme de Cressia, la dernière

Cependant, la somme demandée fut néanmoins accordée; et, l'église bientôt élévée. Elle sert aujourd'hui au séminaire, ainsi que d'église paroissiale à la commune d'Alix.

Ce monument assez bien proportionné, est construit tout en pierres taillées. Il devait pardessus tout convenir à une communauté religieuse. Néanmoins, il se ressent dans son architecture, du mauvais goût avec lequel il fut construit. C'est ce qu'on appelait alors un magnifique édifice; il fut mis sous le vocable de saint Denis. Quoiqu'il y ait plus de 80 ans qu'il soit fait, on dirait néanmoins qu'il est achevé d'hier : cela prouve combien est grande la douceur du climat.

Dans l'intérieur, et au-dessus de la principale porte d'entrée, on remarque gravée sur le marbre, en lettres d'or, l'inscription suivante :

A LA GLOIRE DE DIEV.

CETTE ÉGLISE A ÉTÉ ÉLEVÉE PAR LES BIENFAITS DE LOUIS XV LE BIEN AIMÉ, OBTENUS PAR MADAME LOUISE DE MUZY DE VERONIN, PRIEURE DE CE CHAPITRE, QUI EN A POSÉ LA PREMIÈRE PIERRE, AU NOM DE SA MAJESTÉ, L'AN MDCCLXVIII. DU DESSIN, ET SOUS LA CONDUITE DU SIEUR MARIN DE CRENICÉ, ARCHITECTE A LYON.

Le clocher tel qu'on le voit, n'est point à la

prieure. C'est ainsi que nous sont parvenus plusieurs renseignements que nous rapportons; cette illustre dame étant même notre compatriote.

hauteur qu'on se proposait d'atteindre ; car il devait être surmonté d'une flèche octangulaire très élevée, presqu'unique dans son genre ; couverte de fine ardoise, façonnée aux écailles de poissons, les angles garnis de grandes plaques de plomb, le tout doré et azuré. Cette flèche, semblable à un phare, aurait pyramidé au milieu de ces vastes forêts, de cet océan de feuillages, et, de très-loin, indiqué l'illustre prieuré. Mais, déjà la somme employée à élever cet édifice était énorme ; on n'osa pas, pour le moment, avoir encore recours aux bienfaits de Louis XV, qui, jusques là avaient été inépuisables.

On pratiqua sous l'église, des caveaux destinés à recevoir les dépouilles mortelles des chanoinesses.

« Quand aux sépultures souterraines, dit l'auteur du *Génie du Christianisme*, elles étaient généralement réservées aux rois et aux religieux. Lorsqu'on voulait se nourrir de sérieuses et d'utiles pensées, il fallait descendre dans les caveaux des couvents et contempler ces solitaires endormis, qui n'étaient pas plus calmes dans leurs demeures funèbres qu'ils ne l'avaient été sur la terre. Que votre sommeil soit profond sous ces voûtes... » Eh bien ! ô destinées humaines ! si l'on voulait se nourrir (comme le dit l'homme llustre que nous venons de citer), de pensées utiles et sérieuses, en descendant dans les caveaux des nobles chanoinesses-comtesses de cet ancien chapitre, combien ne serait-on pas surpris de n'y plus trouver leurs restes mortels, mais en revanche une cave bien garnie. On a sans doute pensé, que les morts ne devaient, dans aucun cas, faire oublier les vivants....

Rappelons que madame de Genlis (la femme auteur), passa un mois et demi dans ce chapitre, où elle reçut même le titre de comtesse de *Lancy*, nom qu'elle porta jusqu'à son mariage. Comme elle le rapporte dans ses mémoires, son séjour y fut marqué par deux événements. Mais laissons-la parler :

« Nous allâmes à Lyon, dit madame de Genlis, car on devait nous faire recevoir, ma cousine et moi, chanoinesses du chapitre noble d'Alix. Comme il fallait d'abord que les comtes examinassent les preuves de noblesse des postulantes, nous restâmes environ quinze jours à Lyon. Nos preuves étant en règle, nous allâmes à Alix, qui n'est qu'à peu de lieues de Lyon.

» Ce chapitre formait, par ses immenses bâtiments, un coup-d'œil singulier. Il était composé d'une grande quantité de petites maisons toutes pareilles, et toutes ayant un petit jardin. Ces maisons étaient disposées de manière qu'elles formaient un demi-cercle, dont le palais abbatial occupait le milieu. Je m'amusais beaucoup à Alix : l'abbesse et toutes les dames me comblaient de bonté et de bonbons, ce qui me donnait une grande vocation pour l'état de chanoinesse. Cependant, mon bonheur fut un peu troublé par la terreur que m'inspirait une bête féroce d'une espèce inconnue et singulière, qui désolait le canton ; on en contait des choses si effrayantes, qu'aucune des dames n'osait sortir de la maison pou aller se promener dans la campagne. Le gouvernement ordonna, à ce sujet, des chasses publiques, et peu de jours après notre départ d'Alix, on tua ce terrible animal. J'ai vu depuis, quinze ans après, se renouveler cette espèce de fléau. Tout le monde a entendu parler de la hyène du Gévaudan qui a fait tant de ravages.

» Le jour de ma réception fut un grand jour pour moi ; la veille ne fut pas si agréable. On me frisa, on essaya mes habits, on m'endoctrina, etc. etc.

» Un prêtre qu'on appelait le grand prieur, m'interrogea ainsi que ma cousine, nous fit réciter le *Credo*, ensuite nous fit mettre à genoux sur des carreaux de velours. Alors il devait nous couper une petite mèche de cheveux ; mais, comme il était très vieux et presque aveugle, il me fit une petite coupure au bout de l'oreille, ce que je supportai *héroïquement* sans me plaindre ; on ne s'en aperçut que par ce que mon oreille saignait.

» Dès ce moment on m'appela comtesse de Lancy ; mon père était seigneur de Bourbon-

Lancy ; c'est pourquoi ce nom me fut donné (1). Le plaisir de m'entendre appeler *madame* surpassait, pour moi, tous les autres. Madame la comtesse de Clugny, une de mes parentes et chanoinesse de ce chapitre, offrit de m'*aniécer*; elle était riche, et elle pressa beaucoup ma mère de consentir à cette adoption : ma destinée, eût été beaucoup plus paisible si l'on y eut consenti.

» Après un séjour de six semaines à Alix, nous partîmes ; je pleurai amèrement en quittant ces aimables chanoinesses ; mon cœur dès-lors s'attachait avec une vivacité peu commune. »

Nous avons pris sur les lieux mêmes, des renseignements au sujet du féroce animal, dont parle madame de Genlis. On nous a dit en effet que, cette contrée fut pendant plusieurs mois parcourue par une affreuse bête. Voici ce qui arriva de remarquable quelque temps avant la révolution de 89, et non en 1752, comme l'a fait remonter madame de Genlis, qui avait alors six ans et aimait fort les bonbons : — Deux jeunes gens dénichant des oiseaux dans le bois d'Alix, furent tout-à-coup surpris par une horrible bête, qui s'élança sur l'un d'eux, puis le transporta à

---

(1) Le fameux Pélegrini dédia à madame de Genlis, sous ce nom et avec les titres de chanoinesse-comtesse, une œuvre de sa composition d'ariettes italiennes, qui eut dans le temps une grande vogue ; elle avait alors 13 ans.

une certaine distance, le déposa et le couvrit de
de feuillage, revint en toute hâte pour s'emparer
de l'autre enfant, qui heureusement était monté
à la cime d'un gros chêne; il poussa de grands
cris, et comme partout on avait organisé des
chasses publiques pour détruire ce féroce animal,
on accourut et il fut enfin tué. C'est ainsi que
ces deux jeunes gens furent miraculeusement
sauvés, ils existent encore tous deux aujourd'hui
et comptent au nombre des vieillards que possède la commune d'Alix : ce sont MM. Rivière
et Germain.

En 1780, par plusieurs bulles du Pape, une
partie des biens de l'abbaye royale de St-Martin
de Savigny, fut réunie au chapitre d'Alix. On
ne peut nier que ces nobles dames ne fussent devenues l'objet d'une prédilection toute particulière.

Cependant, malgré toutes les joies que nos
nobles dames chanoinesses éprouvaient au milieu de ce chapitre lorsqu'elles contemplaient le
tableau champêtre; d'une union et d'une félicité
parfaite, une jeune mère entourée de ses
petits enfants, de son époux, tout cela leur
rappelait un bonheur perdu pour elles, sans
retour..... Il n'était pas rare d'en voir plusieurs
tomber dans une consomption mortelle. Aussi,
madame de Genlis, qui a tant vu et tant fréquenté les couvents pendant sa vie, y a-t-elle

puisé, comme elle le dit elle-même, le sujet d'*Adèle et Théodore*.

En 1785, ce chapitre était composé de quarante-trois religieuses y compris deux chanoinesses honoraires. Nous rappelons ici les noms de ces illustres dames,

Chanoinesses comtesses :

Marie-Nicole DE CRESSIA, *prieure.*
Françoise-Véronique DE NATUREL DE VALETINE, *sacristine.*
Marie-Henriette DE CRESSIA DE LA TOUR.
Marie-Balthazar DE CHAPONAY.
Magdeleine DE BEURVILLE.
Marie-Gabrielle DE VINCENT PANETTE, DE VILLENEUVE.
Anne-Henriette-Gabrielle DE ROZIÈRE D'EUVESIN.
Françoise BOUHÉLIER D'AUDELANGE.
Ignace-Gabrielle BOUHÉLIER.
Catherine DE BAR.
Marie-Pierrette DE LA PORTE.
Rose DE LA PORTE DE CHATEAUVIEUX.
Sophie DE LA PORTE D'EYDOCHE.
Hélène DE LA PORTE DE MARLIEUX.
Marthe-Julie DE LA PORTE.
Hélène DE CHAPONAY DE BEAULIEU.
Marie-Barbe DE BOCSOZEL.
Bernardine-Françoise BOUHÉLIER DE L'ANONCOURT.

Jeanne-Elisabeth DE GREISCHE.
Marie-Henriette DE COHORNE.
Gabrielle DE COHORNE DE LA PALUN.
Anne-Sophie DE BOCSOZEL DE MONGONTIER.
Elisabeth-Claudin DE NEUFCHAISE.
Anne DE L'ESCALOPIER.
Anne DE PANETTE.
Françoise-Benoîte DE PANETTE DE CHANTAIN.
Françoise-Claudine-Gabrielle DE PANETTE DE LA BREILLE.
Marie-Sophie LE COMPASSEUR DE COUSTIVRON.
Charlotte-Françoise DE ROZIÈRES DE RECHICOURT.
Marie-Magdeleine DE VINCENT DE MAULÉON.
Louise-Magdeleine DE RAVEL.
Marie-Anne-Delphine DE RIVETTE.
Marie-Adélaïde DE GAULMYN.
Marie-Félicité DE SAVELLY.
Catherine-Louise-Adélaide DE ROMANET.
Elisabeth-Josephine DE ROMANET DE SAINT-ANDRÉ.
Marie-Jeanne-Charlotte-Théodoric DE VANEL DE LISLEROY.
Marie-Pierrette DE SAINTE-COLOMBE.
Marie-Louise-Eléonore LE BOULANGER.
Polixène-Raimondine-Françoise DE GRATET DE DOLOMIEU.

Chanoinesses honoraires.

Marie-Louise DE MOUCHET, abbesse de Grisenon.
Françoise DE REUGNY.

Aumôniers,

MM. Durelle et Richoud.

Dame du clocher et de l'enceinte du chapitre.

Mme la Prieure.

Ce chapitre était entouré d'un mur d'enceinte, et fermé par deux portes, une à l'orient et l'autre à l'occident.

La dernière prieure fut donc Mme Marie-Claudine Nicole de Cressia ; issue d'une des plus nobles familles de la Franche-Comté. Il n'y a pas bien des années qu'elle est morte : c'est Cressia, village dans le département du Jura, qui possède ses dépouilles mortelles.

Depuis longtemps, nos dames chanoinesses désiraient établir une communication facile entre Villefranche et leur chapitre. Avant 1790, elles commencèrent à mettre à exécution ce projet. Malgré que la loi sur l'expropriation forcée, pour cause d'utilité publique, n'existât pas alors ; toutes les difficultés furent bientôt aplanies. Rien ne pouvait les arrêter un seul instant ; car elles possédaient des privilèges qui n'étaient point de vaines fictions (1). Aussi, le tracé une fois fait, on

---

(1) Ces grandes et nobles dames, chanoinesses-comtesses, de même qu'autrefois les Vestales, avaient le droit de sauver, chaque année, plusieurs condamnés à mort. On se souvient encore ce qu'elles firent à l'époque d'un

ne s'inquiéta plus des intérêts froissés ou favorisés. Le sieur Michaud, qui eut son champ coupé d'une manière très désavantageuse, osa bien faire quelques réclamations ; mais on lui répondit :

Si tu le veux, cela sera. — Si tu ne le veux pas, cela sera encore. Voilà, ce nous semble, ce qui s'appelle parler en maître. Le sieur Michaud s'inclina fort respectueusement, et dit du bout des lèvres : *Que votre volonté soit faite.*

Cette route large, bien tarcée se poursuivait activement, et, malgré tous les accidents de terrein, devait aboutir à Villefranche presqu'en ligne directe. Mais la révolution éclata, et le chemin ne fut point achevé. Cependant, ce que nous en voyons aujourd'hui, doit faire vivement regretter la suspension de ces travaux. Le tronçon de route qui en est résulté, porte encore dans cette contrée, le nom de *Chemin des Dames.*

Enfin, une ère nouvelle se leva pour la France, plusieurs de nos nobles chanoinesses furent emportées par la tourmente révolutionnaire. Plusieurs aussi, la regardèrent comme un grand bienfait ; car, sans cela, elles n'auraient jamais goûtées les douceurs de l'hyménée. Celles-ci, en entrant dans la vie séculière,

---

fâcheux conflit, survenu en 1788, entre les jeunes gens de Theizé et d'Alix. Il existe même une chanson, qui rappelle ce terrible évènement.

prouvèrent très bien, qu'elles étaient faites pour être de bonnes mères, des épouses dignes et vertueuses.

Combien ne doit-on pas bénir (moins les excès sans doute), cette époque à jamais mémorable, où Dieu secoua de sa main toute puissante les nombreux abus, qui s'étaient introduits même jusqu'au milieu des institutions les plus pures et les plus sublimes.

Le village d'Alix était à cette époque composé de quelques maisons (24 feux). Les habitants ne furent jamais bien à plaindre ; car, ils profitaient de l'aisance qui régnait partout aux environs du chapitre. C'est ainsi que la poule trouve l'abondance autour des gerbières.

Le dernier seigneur d'Alix, fut M. Giraud de Monbelet de St-Tris, du chef de madame son épouse.

En 1807 (comme le rappelle une simple croix en pierre placée à l'entrée orientale de ce village), Mgr le cardinal Fesch, faisant une tournée pastorale, examina dans les plus grands détails l'ancien chapitre.

Ce lieu solitaire, entouré comme il l'était encore alors, de vastes forêts (1), ce lieu si ri-

---

(1) Si jamais vous vous décidez à visiter l'ancien prieuré d'Alix, vous ne retrouverez plus les nobles chanoinesses régulières de l'ordre de Saint-Benoît. Cependant, vous verrez l'ancien chapitre assez bien conservé. Les habitants

che en souvenirs historiques, lui fit concevoir à l'instant même, l'idée d'y créer un séminaire. Aussi, un des notables de l'endroit, qui l'accompagnait dans son investigation et qui, avec tous les autres habitants du village, s'était empressé d'aller au-devant de Monseigneur, lui avait adressé cette allocution :

Mgr le Cardinal, oserions-nous demander à votre Eminence le plus grand de tous les bienfaits, celui de posséder un digne prêtre pour desservir cette commune ; c'est là notre vœu le plus ardent et le plus sincère. Le Cardinal lui dit : « Vous avez désiré posséder un prêtre, eh bien ! rassurez-vous, vous en aurez même un grand nombre. »

En effet, il racheta plusieurs maisons ayant appartenu aux nobles dames ; et, pendant sept années que ce haut personnage occupa encore le siège archiépiscopal de Lyon, il y fit faire de grandes réparations, créa des bourses et des demi-bourses pour les jeunes gens peu fortunés

---

vous indiqueront encore chaque maison par le nom de celle qui l'habitât. Ici, c'est la demeure de Mme de Cressia, prieuré ; là, celle de Mme Valetine, sacristine, etc. etc. ; vous admirerez l'église, mais allez vite si vous voulez encore profiter de l'ombrage de la forêt ; car, depuis quelques années surtout, on la voit disparaître. Tout immense qu'elle fût, encore quelque temps, il n'en restera plus rien. N'est-ce pas une grande calamité ? Quelle imprévoyance. En outre que, le bois deviendra excessivement rare, n'est-il pas très fâcheux de voir tarir de toutes parts les sources, qui autrefois étaient réputées par leur abondance et leur bonne qualité.

qui se destinaient à entrer dans les ordres. Aussi, dès l'année 1809, on y comptait plus de 150 pensionnaires.

En 1812, il fut, par un décret impérial, supprimé pendant quelque temps, et transféré à Villefranche. Sous la Restauration, il revint de nouveau à Alix. En 1819, il a encore éprouvé quelque réforme.

Le supérieur de ce séminaire, dessert aussi la paroisse.

Enfin, c'est de là que sont sortis beaucoup de sujets, dont plusieurs se sont distingués par leurs mérites, leurs vertus; et ont même été élevés aux plus hautes dignités de l'épiscopat.

C'est là aussi, et, bien entendu, sans rien inférer, que les trop célèbres Lacenaire et Lacolonge, y passèrent quelque temps de leur vie.

Lacenaire dans *ses mémoires, tome* 1.er, *page* 76, dit en parlant de son séjour à Alix:

« Quelle maison que ce séminaire d'Alix, quand j'y pense! jamais coup-d'œil aussi triste, aussi hideux n'avait et n'a depuis frappé mes regards : dix ou douze figures humaines sur près de quatre cents personnes, tant hommes qu'enfants. Mon cœur se serra en y entrant, il me sembla que j'allais y étouffer, et j'aurais tout-à-fait perdu courage, sans l'amabilité et les manières engageantes de celui qui devait être mon professeur. C'était M. Raffay de Lusignan.

» Jusqu'alors, en allant au collége, j'avais très peu regretté la maison paternelle, par une bonne raison, c'est qu'au collége j'étais plus heureux que dans ma famille ; mais à Alix, quelle différence, etc. etc.

» C'est là que je passai le temps véritablement le seul malheureux de mon existence ; heureusement, le printemps arrivé, quelques promenades dans les endroits champêtres et pittoresques, où M. Raffay nous accompagnait, commencèrent un peu à chasser cette noire mélancolie. »

AMBÉRIEUX-D'AZERGUES.

Ambérieux-d'Azergues, était avant la révolution de 1789, village et paroisse dans le Lyonnais, archiprêtré d'Anse, élection et du ressort de la sénéchaussée de Lyon.

L'archevêque de Lyon était le collateur de cette cure ; mais aujourd'hui ce très petit village, fait partie de la paroisse d'Anse : il y a un maire, etc., etc. On parle néanmoins de le réunir à la commune d'Anse, afin de dédommager celle-ci des parcelles de hameau qu'on doit lui enlever pour les réunir à la commune de la Chassagne.

Depuis longtemps, ce village n'a éprouvé d'autres vicissitudes, que celles qui sont communes à beaucoup d'autres localités.

L'inondation de 1840, l'avait totalement envahie et lui avait fait perdre presque toutes ses maisons. Il est aujourd'hui entièrement rebâti.

Enfin, les nombreux dons, faits à cette époque, la Providence, le travail et quelques récoltes abondantes, ont diminué considérablement les funestes effets de cette affreuse inondation. Disons aussi que ce village fut promptement secouru par les habitants des Chères, dont la conduite dans cette circonstance fut au-dessus de tout éloge. *(Voir pour ce qui concerne ce village, pages 68., 191 et 192.)*

CHARNAY et BELMONT.

Charnay fut autrefois château fort, bourg, paroisse, seigneurie dans le Lyonnais, archiprêtré d'Anse, élection et du ressort de la sénéchaussée de Lyon. Les comtes étaient les collateurs de sa cure et sa seigneurie leur appartenait par indivis avec un seigneur laïque. Il fait aujourd'hui partie du canton d'Anse, arrondissement de Villefranche.

Ce village, dont nous rappelons ici l'existence, ne tire pas que nous sachions, son origine, ni d'un saint, ni d'une illustration quelconque, comme cela a lieu le plus souvent pour tant de villes et de villages. Nous n'essaierons pas d'en rechercher de nouveau l'étymologie, ce n'est pas du goût de tout le monde (1).

(1) A ce propos, je dois donner ici, une courte explication. Dans une légère esquisse de mœurs que j'ai publiée un beau jour, le village de Charnay s'étant trouvé comme par hasard sous ma plume, j'ai écrit ces mots : « Nous pensons que le mot Charnay vient de carnivore. »
Non, mille fois non, braves habitants de Charnay, je n'ai point eu l'intention de vous offenser ; je n'ai même rien écrit qui put exciter à un si haut degré votre suscep-

Quoi qu'il en soit, il existe peu de plus belle position, placé sur une montagne tellement élevée, ce village semble commander à tout ce qui l'entoure ; on est d'abord dans le ravissement. Quel coup-d'œil majestueux ! d'ici, on peut embrasser, pour ainsi dire, les deux hémisphères du levant et du couchant ; on voit de toutes parts se dérouler devant soi, le plus beau panorama, la vue la plus vaste et la plus variée.

tibilité ; je sais que la plupart d'entre vous, en avez ri, en comprenant de suite le sens et la portée ; je sais aussi que quelques personnes, mal intentionnées, ont cherché à dénaturer, torturer ma pensée ; mais il est bien certain que, ce que je disais encore touchant votre édacité les jours de fêtes surtout, je le disais aussi de presque tous les villages des environs : en effet, ces jours-là on fête ses parents, ses amis, et on est alors très polyphages. Combien je suis fâché d'avoir peut-être par de semblables propos, troublé la digestion de quelques-uns d'entre vous, hélas ! trop susceptibles encore une fois, car, quand on dit : le Français est léger, l'Anglais perfide, et même très perfide. Quand on dit : des habitants du Dauphiné, *libera nos domine*, et depuis un temps immémorial, Anse, *bona patria, mala gens ;* les *gycles* de Lucenay, les *ours* de Marcy, etc., etc., voyez-vous jamais, soit un Français, soit un Anglais, ou un habitant de telle ou telle province, ville ou village s'en plaindre, s'en fâcher. Eh ! mon dieu ! non, cela n'attaque pas même les masses. Que peut donc une goutte d'absinthe dans un vaste océan ? cela peut tout au plus agir homéopathiquement.

En m'exprimant ainsi, je pensais que le mot Charnay pouvait bien dériver de là ; car, autrefois où on voit votre beau et riche village, si pittoresquement situé, il y avait d'immenses forêts et beaucoup d'animaux carnassiers, et avouez que le mot Charnay sent bien un peu la viande de boucherie.

Quand le démon voulut tenter Notre Seigneur Jésus-Christ, lui présenter les grandeurs et les richesses de la terre, il n'eût pas sans doute mieux choisi. Gardons-nous cependant de décrire tout ce qui frappe nos regards, disons seulement, qu'à nos pieds sont de riches coteaux couverts de vignes ; puis, la plaine que l'Azergues parcourt en longs détours. Ce beau paysage est si peuplé et si animé, que l'œil en est ébloui.

Là, c'est Chazay avec ses vieux remparts et son Baboin ; ce guerrier, cet homme bienfaisant, qui fût, non seulement pendant sa vie, la providence des malheureux, mais fonda même après sa mort, une rente perpétuelle pour marier chaque année, trois jeunes filles pauvres et vertueuses. Quoique toujours employée à de bonnes œuvres, on a cependant jugé à propos de changer la destination de cette rente. Est-ce que par hasard, on ne trouverait plus dans ce pays, trois jeunes filles pauvres et vertueuses ? *(Voir à l'article Chazay.)*

Un peu à droite, voyez Anse avec les vieilles tours de son château des comtes de Lyon, s'élevant au-dessus des villages qui l'entourent, semblables à de très humbles vassaux.

Plus loin, le plateau des Dombes, au pied duquel coule lentement la Saône. On la prendrait, de loin, pour la magnifique écharpe de nos montagnes ; et, sans craindre de surcharger encore tout ce pathos, disons aussi, que cette

Saône est sans cesse sillonnée par une quantité de bateaux à vapeur, qui ressemblent à des monstres fendant les ondes, laissant flotter au gré des vents leurs longues et belles chevelures noires. Puis Trévoux, s'élevant en amphithéâtre, Trévoux cette ville souveraine, qui après avoir possédé cour et parlement, parait encore quelque chose de loin avec ses vieilles tours, seuls vestiges de son ancienne splendeur ! mais, de près, ne dirait-on pas qu'un mauvais génie plane sur cette antique cité ?

A l'occident, quel contraste et quelle nature différente. Considérez ces montagnes et ces vallons qui ont un aspect si sauvage. Là bas, un peu à droite, Theizé, si bien situé et surtout si riche en souvenirs historiques ! Theizé avec son château appartenant sous le grand roi à un de Rochebonne, beau-frère du comte de Grignan, gendre de la célèbre madame de Sévigné. Ce village possède encore les descendants du fameux Brossette, l'ami, le confident de Boileau et le commentateur de ses œuvres.

Mais, ce qui est surtout digne d'admiration, c'est cette délicieuse vallée de l'Azergues, entrecoupée de bosquets, de prairies et de vignobles. Que de riches villages aux souvenirs historiques se pressent de toutes parts. Ce qui frappe surtout les regards, ce sont les belles ruines du vieux château de Châtillon qui, malgré tout l'intérêt qu'elles offrent, n'existeront bientôt plus; encore quelques jours, et il ne restera pas vestiges de l'antique manoir dont la célébrité est si grande; plus rien, de sa jolie église romane avec sa flèche et son portail admirable, suspendu sur l'abyme, et qui semble ne plus tenir que par un fil. Vous tous, qui avez le sentiment de l'antique, répandez une larme sur ce qui reste de cette merveille du moyen-âge, car bientôt, on pourra seulement indiquer la place qu'elle occupa.

Nous avouerons que le premier possesseur, ni le fondateur de son château fort de Charnay, ne nous sont connus. Il est certain que cette position presqu'unique, dût être remarquée, dès que la féodalité commença à paraître dans ces contrées.

Rappelons ici, qu'en l'année onze cent, le brigandage féodal, dont les peuples eurent tant à souffrir, diminua beaucoup. A cette époque de glorieuse mémoire, il fût célébré à Anse un concile national, qui avait pour but l'expédition de la Terre-Sainte. Afin de faciliter cette expédition, on établit ou plutôt on affermit, par un nouveau canon, *la paix ou la trêve de Dieu*. On prononça anathême contre celui qui la violerait. Un peu plus tard, cette sage exigence facilita le fameux traité qui eut lieu en 1173, entre le chapitre de Lyon et le comte du Forest, traité qui mit fin, en quelque sorte, à ces querelles si désolantes pour ces contrées.

Cependant le P. Laboureur parle longuement de l'illustre famille de Thelis. Il rapporte que, Jean de Thelis, seigneur de Charnay, damoiseau, fils d'Edouard de Thelis et de Jacqueline de Chiel testa le 19 septembre MDCXXXIV; il fait mention de messire de Thelis, chevalier, son aïeul, et veut être enterré devant la chapelle de l'église de Charnay. Il nomme sa mère Jacqueline de Chiel et son père Edouard de Thelis, lègue une hermerie et une vigne à Arthoude de Thelis, religieuse d'Alix. Il ne dit point ce que cette dernière lui était, mais le soin qu'il prend de sa subsistance, prouve très bien qu'elle l'intéressait vivement. En effet, outre cette vigne, il lui donne encore une pension annuelle, deux années de froment et vingt-huit écus d'or (1).

Le château fort, ou plutôt la citadelle, était fermée par deux portes : l'une à l'orient, et l'autre à l'occident; cette dernière existe encore. On peut facilement voir l'énorme épaisseur des murs. Les portes ainsi que la muraille d'enceinte, étaient entourées de tous les moyens de défense alors en usage. C'était, comme on peut s'en convaincre, d'après ce qu'il en reste, des

---

(1) *Masures de l'Ile-Barbe*, p. 588, tom. 2.

meurtrières, des mâchicoulis, des barbacanes, derrière lesquels les assiégés faisaient pleuvoir des moellons en pierre, du plomb fondu, et quelquefois même de l'huile bouillante. Les guerriers placés sur les murailles, lançaient sur les assiégeants une nuée de flèches. Vous le voyez, quoique la poudre ne fût pas alors inventée, l'homme ne manquait pas de moyens de destruction.

Dans l'intérieur de cette place forte, existait une multitude de petites maisons servant de lieu de refuge lorsque la cloche d'allarme, dans les moments terribles, rassemblait à la hâte les vassaux du seigneur de ces lieux. C'est ainsi, que la poule réunit ses petits sous ses ailes, ou plutôt, que le vautour couvre de son corps les siens, lorsque l'orage gronde au loin.

L'église de ce village est remarquable : plusieurs de ses portes communiquaient avec le château ; aussi, paraît-elle très ancienne. Son clocher domine aujourd'hui toutes les demeures qui l'entourent. Elle a été réparée, et malgré que le bon goût comme presque partout ailleurs, n'a pas présidé à cette restauration, elle est néanmoins très jolie et très gracieuse. Sa principale porte est tournée à l'occident : on y arrive par un escalier de quelques marches. Elle a une voûte dont les proportions sont admirables.

Cette église est bien éclairée sur chaque face latérale par plusieurs fenêtres, ayant de beaux vitraux gothiques. Tout autour de l'abside, on admire plusieurs colonnes d'un très bon style. En un mot, il existe peu d'église aussi jolie et aussi bien conservée.

On y remarque, une énorme statue de saint Christophe, patron de la paroisse, si bien fêté, comme vous le savez, à la fin du mois de juillet de chaque année. Voici ce qu'une vieille tradition en rapporte :

Le culte de saint Christophe a beau être très ancien dans l'église chrétienne, on ignore cependant son histoire. L'opinion la plus commune est qu'il souffrit le martyre en Lycie, et ses reliques d'abord transférées à Tolède, le furent ensuite en France. Eh bien! notre village a la prétention de posséder le véritable saint Chistophe. Ce qu'il y a de certain, c'est que, non loin de là, est un lieu appelé le *Chevronet*, où l'on voit une caverne nommée dans la contrée, caverne de saint Christophe. C'est là que, transporté en France, le saint fut dit-on déposé. Les villes et villages de la contrée désirèrent tous le posséder ; les habitants de Morancé principalement ; car, un jour, ceux-ci se rendirent en grande pompe à la caverne, pour conduire et déposer au milieu de leur église le glorieux saint. Mais ils s'aperçurent bientôt qu'il fallait renoncer à leur projet. C'est ainsi, qu'après avoir d'abord attelé deux forts bœufs, puis quatre, six et même un plus grand nombre, ces animaux ordinairement si dociles à l'aiguillon, restèrent immobiles. Dans une semblable circonstance, un habitant de Charnay, visiblement inspiré, prétend avec deux jeunes taureaux qui n'ont point encore supporté le joug, transporter le saint jusqu'au lieu où on l'admire aujourd'hui. En effet, ces deux jeunes bœufs ne sont pas plutôt attelés, qu'ils franchissent en un clin d'œil l'espace qui les sépare de la caverne à l'église. Aux yeux des moins clairvoyants, il était patent que le saint avait préféré Charnay à tant d'autres villes et villages. Ces mêmes villes et villages en furent si jaloux, qu'ils gratifièrent d'une épithète outrageante les habitants de Charnay, épithète qu'ils sont loin de mériter, et que nous nous garderons bien de rappeler ici...

On voit encore à Charnay, un château beaucoup moins ancien que le précédent. Il fut construit dans le milieu du dernier siècle ; il est heureusement situé et n'a rien de gothique ; la plupart des portes et des fenêtres ont été bouchées ; l'invention des impôts sur ces ouvertures par lesquelles on reçoit le jour, en explique facilement la cause. On remarque encore plusieurs chambres, une entr'autres entièrement couverte de boiseries à riches dessins. Tous les appartements de ce vaste château sont occupés par des vignerons.

Les seigneurs de ce lieu, étaient le comte de Gain, seigneur mentionnaire, et M. Durand de Châtillon, trésorier de France. Sur la fin du XVIIIe siècle, Mlle Durand épousa le marquis de Chaponay, de la branche aînée de cette famille. C'est ainsi que le château de Charnay devint la propriété de cette maison à laquelle il appartient aujourd'hui.

Ce village existait dès le principe au bas de la montagne occidentale; mais plus tard, pour plus de sûreté, lorsque de toutes parts s'élevèrent des châteaux forts formant pour ainsi dire un réseau, un système féodal, alors les vassaux, les manants, les serfs comme on les nommaient autrefois, poussés par l'instinct de la conservation, et pour protéger le seigneur et maître du lieu; se réunirent, se groupèrent autant que possible, autour des forteresses. C'est pour cela que Charnay est si bien lié à son vieux château. On y remarque encore de nos jours, des ruelles tortueuses et des demeures obscures, présentant encore l'empreinte des temps malheureux où elles furent construites.

Cependant, Charnay moderne semble sortir de ses langes féodaux; car on aperçoit çà et là de jolies habitations.

Rappelons qu'en 1817, des émeutes eurent lieu aux environs de Lyon, la police n'y fut certainement pas étrangère ; ces émeutes furent provoquées et exploitées par l'esprit de parti qui dominait alors. La cour prévôtale de Lyon se comporta avec une barbarie dont on ne peut trouver d'exemples qu'aux plus mauvais jours de la terreur. Eh bien ! à cette époque de funeste mémoire, ce village eut ses jours de deuil et d'épouvante, car la tête d'un de ses citoyens roula au pied de l'échafaud (1).

Il est vrai de dire que cette infâme réaction politique, contribua plus tard à causer la ruine de la branche aînée des Bourbons, qui mérita si bien le reproche qu'on lui a si souvent adressé : *de n'avoir rien appris, mais aussi rien oublié.*

Le sexe ici est vraiment remarquable ; à cet égard, c'est bien la Circassie des pays environnants, impossible de voir un plus beau sang. Il nous rappelle assez bien les belles Suissesses, moins le costume et peut-être une certaine odeur de bon beurre frais.

Charnay a non seulement sa fête balladoire du mois de juillet, la saint Christophe ; mais encore pendant l'hiver à l'époque du carnaval, où une grande partie du globe est saisi comme d'un vertige. A cette époque, où l'on entend

---

(1) Le sieur Déchet.

de toutes parts s'agiter les grelots de la folie ; eh bien ! les habitants de ce village célèbrent une *vogue*, connue dans le pays sous le nom grotesque de *vogue des cliapons* (pieds de cochons). On voit un grand nombre des habitants, sous les déguisements les plus burlesques, se livrer aux divertissements les plus excentriques. Alors, chacun s'empresse de leur faire une ample distribution de *cliapons*. Quand on ne peut offrir ces derniers, on donne le museau, ou l'os connu ici sous le nom d'os *chénat*. Vous le voyez, on n'en veut qu'aux extrémités : puis, on se réunit pour faire avec cette énorme quantité de pieds, de museaux et d'os *chénat*, un vrai repas de Pantagruel.

N'oublions pas de dire deux mots de l'excellente truffe noire, que, depuis quelques années, on trouve dans les bois qui environnent ce village.

BELMONT.

Belmont, est une des quinze communes du canton d'Anse, et dépend de la paroisse de Charnay. Il appartenait autrefois au seigneur de Bayère. L'église de ce petit village est ancienne ; elle fût élevée par les libéralités des illustres maisons de Châtillon et de Bayère.

Explorant un jour cette contrée, nous rencontrâmes un beau vieillard, qui nous raconta sur ce village le fait suivant :

« En 1702, dans le mois de septembre, la grêle occasionna de grands ravages ; toutes les récoltes qui étaient encore pendantes, furent entièrement détruites. Il eut cela de remarquable, que les arbres fruitiers refleurirent dans le mois d'octobre comme au printemps.

» Ce bon vieillard nous ajouta encore, qu'un marguillier, nommé X...., avait fait sculpter une statue de saint Julien, patron de Belmont, avec le tronc d'un noyer qui ne lui avait jamais rien rapporté. Un jour qu'il était monté au clocher, afin de conjurer l'orage qui menaçait d'éclater, et ayant pris la statue de saint Julien d'une main, et la corde de la cloche de l'autre, criait de toute la force de ses poumons :

» *Grand san Zelin de Belmont, presarve no de la grêla !* — Plus il vociférait, plus aussi la grêle tombait ; ce voyant, il jeta avec colère le saint du haut en bas du clocher, et prononça ces mots : *Va te no ren valu var, te nevou ren sé !*

» Mais à quelque temps de là, comme il sonnait encore pour écarter l'orage, le tonnerre tomba sur sa tête, et l'écrasa.

» On ne manqua pas de répéter qu'il recevait le châtiment que lui avait mérité sa conduite à l'égard de saint Julien. »

Cependant cet exemple, joint à tant d'autres, devrait bien empêcher de mettre en branle les cloches, comme on le fait encore aujourd'hui, lorsque le temps se couvre, et que l'orage commence à gronder ; d'ailleurs c'est ce que blâment les savants, parmi lesquels on distingue le célèbre Arago.

LA CHASSAGNE et SAINT-CYPRIEN.

La Chassagne était avant la révolution un village dans le Lyonnais, et du ressort de la sénéchaussée de Lyon. Il fait aujourd'hui partie du canton d'Anse.

Le prieur de Ternand nommait à sa cure, et son seigneur était M. Dacier, baron de la Chassagne, brigadier des armées du roi.

A l'époque de la terreur, ce même baron Dacier conserva de nombreux amis dans cette contrée, tant il sut se faire aimer de ses chers villageois. Il ne fit point comme bien d'autres; car il n'émigra pas.

Mais, pour soustraire sa tête à l'échafaud, il chercha un lieu de refuge chez un honnête et digne serrurier de Paris; et là, pour mieux cacher à tous les yeux sa naissance, sa noble origine, il fit souvent comme saint Oculi. Grâce à ce stratagème, il pût donc rester dans sa patrie, entretenir même une correspondance avec plusieurs de ses anciens serviteurs, auxquels il pouvait se fier sans pour cela se compromettre ; au contraire il dût à leur active intervention de conserver ses immenses domaines, qui étaient alors si vivement convoités.

Enfin, le calme renaissant, le baron reparut bientôt au milieu de ses anciens amis qui le reçurent avec joie, et l'installèrent de nouveau dans ses terres.

Plus tard, le baron Dacier fut remarqué par l'empereur Napoléon, qui lui offrit de servir dans ses armées comme général (1).

Le château de la Chassagne avait, quelques années avant 1830, un coup-d'œil bien autrement remarquable que cette énorme maison bourgeoise, qui l'a remplacée.

Néanmoins, dans son intérieur, cette nouvelle demeure réunit tout ce que le luxe et l'abondance peuvent fournir aux douceurs de la vie. De plus, du haut de la montagne où il est placé, on jouit d'un magnifique point de vue.

On se rappellera longtemps que, le 18 septembre 1844, la Chassagne eut beaucoup à souffrir de la grêle, qui occasionna tant de ravages : on était cependant sur le point de vendanger. De mémoire d'homme, on n'avait rien vu de semblable ; car dix jours après, on remarquait

---

(1) Cette famille conserve comme une précieuse relique, une magnifique tabatière offerte par le grand homme au digne baron Dacier.

encore dans certains endroits, d'énormes monceaux de grêlons. Plusieurs autres localités, eurent aussi la douleur de perdre en un seul instant, le travail de toute une année.

Le château de la Chassagne appartient aujourd'hui à M. le marquis de Mortemart, l'un des descendants de cette illustre maison, dont Voltaire (1) a dit : « Ceux en qui brillaient le plus le tour singulier de conversation mêlée de plaisanterie, de naïveté et de finesse, qu'on appelait *l'esprit des Mortemart.*

De plus, Mme de Sévigné raconte que si jamais l'esprit disparaissait en France, il faudrait toujours aller le rechercher dans la famille des Mortemart. Certes voilà de beaux titres de noblesse, s'il en fût jamais.

---

(1) Voltaire, *siècle de Louis XIV.*

SAINT-CYPRIEN.

Saint-Cyprien qui fait aujourd'hui partie de la commune de la Chassagne, était avant 1790, une annexe de la paroisse de Pommiers, justice de la Chassagne et du ressort de la sénéchaussée de Lyon ; ses seigneurs : MM. les comtes de Lyon, et M. Dacier de la Chassagne, brigadier des armées du roi.

Saint-Cyprien est heureusement situé ; de même que la Chassagne, il possède un terrain très productif.

On remarque dans ce village beaucoup de vieillards ; et lorsqu'on visite le cimetière placé autour de son ancienne chapelle, si pitoresquement placée, là on peut très bien se convaincre de ce que nous rapportons ; car, on lit des épitaphes qui le provent assez : Ci gît un tel, âgé de 97 ans ; sur une autre tombe, un tel âgé de 92 ans, etc. etc.

Saint-Cyprien possède plusieurs sources d'eau vive ; celle que l'on remarque sur sa place publique, donne une eau très pure et très abondante. C'est ainsi que la divine Providence fait parvenir au-dessus des montagnes, quelquefois les plus élevées, l'eau de source, oui, l'eau cent fois plus précieuse à l'homme que les vins les plus recherchés. Cette source si précieuse est intarissable, et fournit aussi de l'eau au château de M. le marquis de Mortemart.

Pendant bien des années, la Chassagne, Saint-Cyprien et Marcy ne formait qu'une seule commune. Mais celle de ces communes qui avait l'immense avantage de posséder le maire, semblait plus favorisée ; de là, surgissaient mille sujets de dissentions. C'est aussi pour cela que, depuis quelques années, ces mêmes villages ont obtenu du gouvernement une séparation qui a mis fin à cette espèce de mésintelligence ; car l'accord le plus parfait en est résulté.

En effet, ces hommes qui habitent ces diverses communes, sont faits pour s'aimer et s'estimer les uns les autres ; car ils ont pour la plupart de grandes qualités ; ils sont probes, laborieux, économes et cultivent avec intelligence le riche sol qu'ils occupent.

CHATILLON-D'AZERGUES.

Châtillon-d'Azergues était avant 1790, château-fort, bourg, paroisse et baronie dans le Lyonnais, archiprêtré d'Anse (1). C'est aujourd'hui une riche commune du canton du Bois-d'Oingt (bois sacré).

La position de ce vieux château est admirable ; à ses pieds, se voit le bourg de Châtillon qui lui est si étroitement lié ; plus bas cette délicieuse vallée traversée par l'Azergues, empreinte d'une beauté toute particulière : ses formes sont trop insaisissables, pour que nous ayons la prétention d'en donner une complette description (2).

Cependant, notre jolie rivière parcourt un

(1) Châtillon-d'Azergues, possédait avant 1789, un juge, M. Durand, avocat, ancien échevin ; un lieutenant de juge, M. Rimbourg ; un greffier, le sieur Caillot ; un huissier, Thomasson ; deux notaires, MM. Cholet et Descombes ; un commissaire en droits seigneuriaux, M. Riche ; procureurs-postulants, MM. Chapuis, Vial, Rimbourg, Bouchard, Fornas, Bidaud, Depireberbe, Chollet et Lacroix.

(2) Voir aussi à l'article Chazay la description de la vallée d'Azergues.

paysage sans égal en son genre ; tantôt elle coule presqu'inaperçue au milieu des bouquets d'aunes et de sauvages grains, tantôt parcourant à l'aise dans les prairies, elle donne aux lieux qu'elle parcourt quelque chose de si inattendu dans les aspects, qu'il est impossible de rencontrer ailleurs ; car elle réunit la noblesse à la grâce et la poésie au piquant. Ainsi sont les paysages de Poussin et les beautés rustiques de Ruysdael.

Nous ne connaissons pas le premier fondateur de notre manoir féodal ; cependant, Le Laboureur, prévôt de l'île Barbe, nous parle longuement de ses anciens maîtres. Il nous apprend qu'il fut longtemps possédé par les fameux de Balzac et d'Albon ; car, en l'année 1290, on voit déjà un Guy d'Albon, chevalier, seigneur de Curis, fils aîné et héritier d'André d'Albon et de Sibylle de Moiffons, qui épousa Marguerite d'Oingt, fille aînée de Guichard d'Oingt. Elle lui apporta en partie pour dot la terre et le château de Châtillon-d'Azergues (1).

Le dernier seigneur baron fut un M. Durand, secrétaire du roi à Lyon, qui l'acheta en 1720 d'un M. de Prémiral.

---

(1) Mazures de l'île Barbe, pag. 650. Voir encore pour ce qui concerne Châtillon et son château. Menestrier, *Hist. Cons.* preuv. 38. et *l'almanach historique de la ville de Lyon*, année 1785.

A la fin du siècle précédent, la fille de M. Durand épousa M. le marquis de Chaponay, dont la famille possède encore aujourd'hui les ruines du vieux château de Châtillon.

Le voyageur artiste aime à voir les débris de ce castel, car son architecture, de style gothique, est belle et pittoresque. Mais ce qu'il admire par-dessus tout, c'est sa jolie chapelle avec son clocher en pyramide, ses deux portails, sa façade qui, malgré toutes ses mutilations, est élégamment liée par des sculptures faites avec art, et qui donnent tant de charmes à ce magnifique morceau d'architecture de la seconde période de l'ère ogivale.

Mais on ne peut que gémir ; car partout on ne voit que dégradations profondes. Il n'est pas douteux, que si de simples réparations étaient faites, elles assureraient à ces belles ruines, si vénérables d'antiquité, de plus longues années d'existence. Nous ne demandons point de faire renaître les beautés déjà effacées, ni de faire refleurir avec un nouvel éclat, celles qui pâlissent, mais au moins de chercher à maintenir ce que nous en voyons actuellement.

Néanmoins, on peut encore contempler quelques salles voûtées, plusieurs cheminées sculptées avec luxe et délicatesse ; les armoiries des Balsac et des d'Albon semées çà et la au milieu de tant de décombres.

Ce sont bien là des témoins qui ne sont pas muets ; car, il nous reportent à d'autres époques, nous parlent leur langage plein d'intérêt et de charmes, nous plongent souvent dans de bien douces rêveries. Combien ne se réjouit-on pas lorsqu'on rencontre des restes aussi précieux ; mais aussi, comment ne pas s'irriter contre les ravages des ravageurs, plus encore que contre ceux du temps. Eux, dans leur fureur, ils ne laissent rien ou presque rien de tant de merveilles qu'un monceau de cendres et de pierres, où vient soupirer l'artiste.

Il est facile de se convaincre combien est grand le nombre de ceux qui viennent visiter ce vieux manoir, dont les murs sont couverts de noms la plupart très obscurs. Cependant, nous avons lu celui de le Poussin, inscrit sur le manteau d'une cheminée gothique. Ce sera sans doute un grand admirateur de ce célèbre peintre, qui aura pensé lui payer ainsi un souvenir, ou plutôt pour laisser croire à de certains badauds, que le Poussin a passé par là. Il en est sans doute de même, à l'égard de quelques notabilités littéraires, telles que Victor Hugo, Eugène Sue ; oui, Eugène Sue, cet auteur si prodigieusement étonnant. Gardons-nous de rappeler toutes les inscriptions, dont quelques-unes sont si excentriques. Ajoutons seulement qu'on lit sur les murs d'une petite chambre voûtée ces mots : « J'ai passé

une nuit au milieu de ses ruines avec elle !
Quelle nuit grand Dieu ! Lorsque la cloche au
son argentin fit entendre minuit, et que le silence ne fut plus interrompu que par le bruit
des pierres qui se détachaient à chaque instant
des murs tout lézardés; ce qui nous glaçait
d'effroi, c'était les cris des hiboux, perchés sur
le haut de la grande tour, etc. » Il a eu, cet
amateur, l'audace de mettre au bas de ce pathos,
ce nom sublime, Lamartine ! (1)

On sait que ce château existait déjà dans le
onzième siècle; il était en tout semblable à ceux
dont la prudence hérissa de pareilles défenses non
seulement les villes et villages, mais encore la plupart des vallées de cette contrée si remarquable.

On se fait une si fausse idée de ce qu'était à
cette époque une semblable demeure, qu'on ne
lira peut-être pas sans intérêt ce qu'un vieil et
obscur narrateur en raconte : Dès le principe,
ce château était composé d'une seule grande
tour carrée, à l'un des angles était accolée une
tourelle au bas de laquelle était la porte d'entrée
qui se fermait avec un pont-levis traversant un
large fossé. Dans la tourelle, était un escalier
tournant très étroit, et qui servait pour

---

(1) Nous ne prétendons pas dire que ces hommes célèbres n'ont point visité les belles ruines de Châtillon, car elles sont bien faites pour exciter leur curiosité; mais, il nous est bien permis d'avoir un doute à cet égard.

monter aux différents étages de la grosse tour.

Le rez-de-chaussée de cette tour servait d'écurie et de logement aux palfreniers ; au-dessous était un souterrain, dont une partie servait de cave et l'autre de prison.

Le premier étage, n'offrant qu'une seule pièce d'une énorme étendue, était occupé par le baron et sa famille. Dans cette pièce on remarquait la cheminée, qui avait au moins six mètres d'ouverture. Puis, deux étroites fenêtres percées dans l'énorme épaisseur des murs, laissaient à peine, même par le plus beau soleil d'été, pénétrer dans la chambre un jour douteux. Au milieu de cette immense salle, existait une énorme machine semblable aux *tours* des hospices d'enfants trouvés ; c'est là, où étaient disposés par case les lits.

Ce tour était attaché au centre à une forte pièce de bois qui servait de pivot, et vers les bords intérieurs, il circulait à l'aide de roulettes sur un plancher ciré, où on pouvait le faire mouvoir avec assez de facilité. Il était divisé le plus souvent en sept ou huit cases, dont chacune contenait un lit. Chacune de ces cases avaient une porte ; mais comme le cabinet n'en avait qu'une seule, et qu'il était exactement rempli par la machine, il fallait pour entrer dans sa case ou en sortir, tourner cette machine jusqu'à ce que la porte de la case se trouvât vis-à-vis de celle du cabinet. Les cases étaient marquées, de manière à ce que chacun reconnût la sienne, lorsqu'était venu l'heure de se coucher.

Les étages supérieurs servaient de greniers, de magasins, et le tout était surmonté par un donjon crénelé et entouré de machicoulis.

C'est dans de semblables habitations que se faisait l'éducation des hommes de fer que nous présente l'histoire de ces temps reculés. Aussi, l'enfant n'était point alors gâté par sa mère, qui n'oubliait pas que celui qu'elle berçait, était destiné à passer sa vie dans les combats et à mourir sur un champ de bataille.

C'est ainsi que furent élevés ces fiers barons, jusqu'au moment où, ils puisèrent l'idée d'un luxe inconnu chez eux, en contemplant les merveilles anciennes et modernes de Constantinople; jusque-là, ils restèrent uniquement vêtus d'habits guerriers, ou renfermés dans d'étroites habitations, ces hommes d'une grande rudesse et d'une grande simplicité, qui avaient conquis les Gaules, les Romains et brisé les piques des légions, les hostes du peuple-roi à coups de fransées. Jusqu'au XIIe siècle les châteaux furent à peu près tels que nous venons de les décrire.

C'est ainsi qu'au retour de Philippe-Auguste l'architecture ogivale aux formes élancées, et qui semble monter vers le ciel comme une prière, s'introduisit en France. On modifia l'intérieur, le luxe et le confortable des habitations. On y fit des décorations, des sculptures, des boiseries et des peintures. Les vitraux, au lieu d'être d'une matière blanche et terne comme aujourd'hui, empruntèrent à des secrets qu'on est loin d'avoir découverts de nouveau, ces magiques peintures.

A cette époque, le château de Châtillon-d'Azergues fut restauré par Geoffroy de Balzac, premier valet de chambre du roi Charles VIII, qui épousa Claudine Léviste, d'une ancienne et bonne famille lyonnaise.

Un jour de l'an 1496, le roi Charles VIII étant à Lyon, Geoffroy de Balzac fut sur le point de perdre la vie. Voici l'aventure : Il fût emporté dans le Rhône, où il courût grand risque de perdre la vie ; mais il fut miraculeusement arraché à une mort certaine, en suite d'un vœu qu'il fit à Notre-Dame, en grande vénération alors dans l'église des Célestins.

En mémoire de son heureuse protection, il fit don à cette même église d'un tableau qu'on admirait encore dans ce lieu saint avant 1790, et au bas duquel on lisait le récit de cette aventuse.

> Il revenait à tire d'aile,
> Avec espoir qu'à son retour
> De Béatrix et de sa belle
> Il recevrait guerdon d'amour.

Il ignorait la manigance
Des vils suppôts à qui Satan
Avait promis bonne assistance
Pour succès de leur guet-à-pens.

Mais en sommeil il voit un ange
Qui l'avertit de son malheur :
Pars, lui dit-il, pars, vole et venge
Mie qui fera ton bonheur.

Il s'éveille saisit sa lance,
Presse les flancs de son dextrier :
Vers les bords de Saône il s'avance
Avec son fidèle écuyer.

Il voit de loin troupe félone
Qui s'emparait de sa beauté ;
Il court sus, et rien ne l'étonne,
Par son bon ange il est gardé.

En même temps que l'architecture faisait une révolution dans la pierre, la magnificence orientale en opérait une autre non moins frappante dans les vêtements. Aux habits grossiers et sans ornements des hommes du XIe siècle, succédèrent la soie, l'or, la pourpre, les bliands (espèces de blouses) aux couleurs éclatantes.

Disons en terminant que les habitants des maisons groupées au pied du vieux donjon donnent fréquemment l'hospitalité au nombreux artistes qui, après avoir salué cette merveille du moyen-âge, dont l'œuvre de destruction avance, s'empressent de jouir d'un si délicieux paysage et se reposent de la vie aride de Lyon, confient au papier des dessins pour en enrichir les albums.

Malgré que le village de Châtillon présente encore des demeures, des rues étroites et tortueuses qui rappellent assez les temps où elles furent construites. On aperçoit un bon nombre d'habitations qui prouvent que le confort s'y est introduit comme dans beaucoup d'autres localités.

Ce bourg a plusieurs foires dans l'année ; elles sont fréquentées par un grand nombre de marchands. Sa fête patronale, la saint Barthélemi, le vingt-quatre août, est des plus belles. Grâce à son château, à la richesse de sa magnifique vallée et surtout à l'intelligence et au zèle des habitants, ce bourg est appelé à prendre encore un grand développement.

CHAZAY-D'AZERGUES.

A peu de distance de la route royale de Paris à Lyon, par la Bourgogne, existe une vallée, au milieu de laquelle court capricieusement l'Azergues. Sur le penchant d'une colline on remarque surtout, une petite ville, avec son appareil menaçant de vieilles tours, de murailles épaisses et crènelées, au-dessus desquelles apparaît fièrement posée la statue d'un guerrier, tenant en main une lance, qui semble tout prêt à combattre les ennemis de sa patrie. Là, le moyen-âge respire tout entier. Cette ville, c'est Chazay; ce guerrier, le BABOIN.

Dans ces lieux enchanteurs : comme pittoresque, comme paysage, on aperçoit partout une magnificence peut-être trop tumultueuse, qui ferait presque désirer un tableau plus restreint, une nature plus silencieuse et de plus pacifiques ombrages.

En effet, peu de cités offrent à l'œil de l'observateur autant de sites variés ; que notre peinture serait froide, décolorée, auprès d'un tel modèle ! qui pourrait rendre la beauté des formes d'une semblable nature ?

Aussi, penser aux pieds des vieux murs de Chazay, près les bords de sa jolie rivière, sur laquelle est audacieusement jeté un élégant pont en fil de fer ; contempler ces riches villages, ces châteaux, ces maisons de plaisance qui se pressent de toutes parts, c'est se retracer de gracieux paysages. Le charme ravissant des plus belles campagnes, des îles tontes semées de saulées qu'embellissent encore d'autres plantations d'aunes et de peupliers ; dont le tout, s'anime les jours de fête, par le tableau mouvant de la population de cette heureuse contrée, si riche et alors si joyeuse.

Chazay, *Casetus* (une fois dans ces murs, on était bien *casé*, *caché*), autrefois très fortifié, paroisse, baronnie dans le Lyonnais, archiprêtré d'Anse ; l'abbé d'Ainay y avait droit de toute justice, possédait une fortune considérable en immeubles, des juridictions et des priviléges sans nombre. Un capitaine châtelain était chargé de percevoir les revenus, aidé de plusieurs officiers ; le dernier seigneur baron de cette ville, fut M. de Jarente, et le capitaine châtelain, M. Saint-Michel (1).

---

(1) Avant 1789, Chazay avait un juge, M. Lurieux ; un lieutenant de juge, M. Descot, commissaire en droits seigneuriaux ; un procureur fiscal, M. Caillot ; un huissier, M. Pierroux ; quatre notaires royaux, MM. Chappuis,

Comme place forte, cette position a été de tout temps justement appréciée. A ce sujet, nous rappellerons les paroles que prononça le plus grand capitaine des temps modernes.

On se souvient qu'en 1815, de nombreuses députations s'empressèrent d'aller de tous les points de la France, déposer leurs vœux et leurs hommages aux pieds du Soldat-Empereur. La petite ville de Chazay, qui s'est toujours distinguée par son dévoûment à la cause du grand homme, s'y fit représenter par deux de ses notables, MM. Rimbourg et Gambet. Ceux-ci, interrogés sur le lieu qu'ils habitaient, répondirent ; Sire, nous sommes de Chazay (Rhône). *Je connais votre ville, qui n'est qu'à trois lieues de Lyon*, leur dit l'Empereur : puis, s'étant tourné vers plusieurs de ses maréchaux présents à cette audience : *c'est une belle position militaire, je ne comprends pas comment Augereau n'a pas, l'an passé, occupé ce point important ; mais, Augereau...* (1).

On sait que l'ancien fief de Chazay apparte-

Rimbourg, Caillot et Descot. Voir le grand Almanach de Lyon de 1785.

(1) Il existe peu de villes et villages, où la mémoire de l'Empereur soit aussi vénérée qu'à Chazay ; tous les habitants le portent dans leur cœur. Aussi, chaque année, à l'époque du 15 août, il s'y célèbre une fête en mémoire du héros. Les paroles que nous prêtons à l'Empereur, ont souvent été répétées par MM. Rimbourg et Gambet père, qui furent tous deux envoyés en députation, auprès de Napoléon, à l'époque des Cent-Jours.

naît en 1173, au comte Guy de Chatillon. A cette époque, l'abandon en fut fait à l'église de Lyon, à la suite de l'échange qui eut lieu entre l'archevêché de Lyon et le comte de Forez. Ménestrier rapporte : « Le comte Guy et son fils abandonnèrent toutes les choses, tant dans le château que dans son mandement, pour lesquelles le seigneur du lieu doit foi et hommage-lige (1). »

Cependant, il est certain que dans le XIIIe siècle, cette place appartenait déjà à l'illustre abbaye d'Ainay. Sous des maîtres aussi puissants, elle fut alors entourée de murailles très élevées ; en un mot solidement fortifiée, puisqu'elle devint imprenable. Il en résulta que l'influence du noble abbé seigneur baron de Chazay fut grande ; et par suite, l'exposa à l'envie et quelquefois même aux attaques des nombreux seigneurs d'alentour.

Il est hors de doute que dans le XIIIe siècle, l'abbé d'Ainay portait déjà le titre de seigneur baron de Chazay. Nous rappellerons à quelle occasion il est ainsi nommé :

En 1299, Henri de Villards, premier de ce nom, 96e archevêque de Lyon, indigné du relâchement que Dégo, abbé de l'île Barbe, avait introduit dans son monastère et des atrocités dont il s'était rendu complice, en favorisant autant qu'il était en lui, les coupables entreprises de

---

(1) Hist. Cons. preuv., 38.

son neveu Christophe de Brossane, commit l'abbé d'Ainay son official, *seigneur baron de Chazay*, pour y mettre ordre (1).

Ce même Christophe de Brossane dont il est ici question, fut celui qui enleva à Edmond, petit-fils de Guichard-le-Grand, Sire de Beaujeu, une écharpe et une boîte dans laquelle était renfermée une boucle de cheveux de sa bien-aimée Isabelle (la belle Allemande). Claudine et Sibylle Scève, sœurs de Maurice Scève, ami de Clément Marot, firent là-dessus, les vers suivants :

> Moine noir à longue pélisse *(l'abbé Dégo)*,
> Et son neveu, guerrier félon *(Christophe de Brossane)*,
> Sçavants en art de maléfice,
> Machinoyent œuvre de démon.

> L'un veut pour soi Belle-Allemande,
> Et le moine veut s'enrichir ;
> A l'enfer ils jurent offrande,
> Si bonheur est de réussir.

> Pour ravir manoir et fillette,
> Pour consommer si grand forfait,
> La noire cohorte était prête,
> Et sans Edmond c'en était fait.

> Il frappe d'estoc et de taille,
> Tout fuit devant si beau guerrier
> Et dessus le champ de bataille,
> Gît moine et recru chevalier.

(1) Voir. Col., des Conciles provinciaux. Laurens Bachelus pag. 421. MDCXCVIII.

Il délivre sa bien-aimée,
La reconduit a son manoir ;
Elle fut tost son épousée,
Béatrix y mit bon vouloir.

Grâce à la sainte Providence,
Ils ont été longtemps heureux ;
Et par eux avons renoissance
Des gentils Sires de Beaujeu.

L'ancienne ville de Chazay était donc entourée de fossés, d'épaisses murailles, de tours, de pont-levis, etc., etc., dont on voit même aujourd'hui de nombreux vestiges. Au nord il existe encore des fossés non comblés, et une assez grande étendue de vieux murs percés de meurtrières, tout noircis par les siècles, témoins mutilés des combats que nos ancêtres livrèrent pour l'indépendance du territoire national.

Cette place forte, était fermée par deux portes : l'une au nord, et l'autre au midi (1). Cette dernière existe encore, et porte avec orgueil la statue de l'illustre Baboin.

A l'orient le fort Saint-André, ou plutôt le château de l'abbé d'Ainay, construit vers lé milieu du XIIIe siècle, dans le plus beau temps de l'architecture ogivale. Il ne conserve plus de sa première magnificence, que quelques belles sculptures, tant il fut bouleversé à l'époque de

---

(1) Au sud-est, on voit encore une porte.

la tourmente révolutionnaire. Dans l'intérieur, on remarque une cheminée sur laquelle l'imagination de l'artiste, semble avoir déployé tous les trésors de son art ; c'est une guirlande en feuilles de chêne, semée de glands et de chardons. Ce qui signifie, si nous ne nous trompons, *lucedo per ignes*, ou bien encore, c'est là l'enseigne du porc-épic :

Qui s'y frotte s'y pique.

Près de ce château est une vieille église romane, Notre-Dame de Chazay, qui a été en partie détruite. Ce qui en reste, fait vivement regretter qu'on ait commis, il n'y a pas encore bien des années, cet acte de vandalisme ; car, cette église fournirait avec toutes ses anciennes décorations, un type pur d'architecture de l'ère mérovingienne.

Au-dessus du portail on voit un écusson représentant, nous dit-on, un loup emportant un agneau. Est-ce là par hasard (comme nous l'a assuré un homme spirituel), que notre Lafontaine aurait puisé le sujet de sa fable *le loup et l'agneau ?* Nous sera-t-il permis de dire à notre tour, que ce qui est pris ici pour un loup, est bien plutôt le Bon Pasteur de l'évangile, reportant au bercail la brebis égarée ; car, l'autre version, nous semble un peu trop profane, placée sur le frontispice d'un temple chrétien.

Cette église avait trois tours, une seule qu'on

aperçoit de très loin existe encore, servant aujourd'hui de clocher à l'église paroissiale, qui en est très rapprochée. Cette dernière, aussi très ancienne, a la forme de la croix grecque : seulement éclairée par un jour douteux, et trop petite pour contenir les jours de fêtes les nombreux fidèles qui s'y pressent. On y remarque une chapelle au nord, dont les arceaux vont retomber et s'appuyer sur les symboles des quatre évangélistes : le bœuf (vitulus), pour saint Luc ; l'ange, pour saint Mathieu ; le lion, pour saint Marc ; l'aigle, pour saint Jean. Nulle part, nous n'avons vu ces symboles mieux représentés qu'ils le sont ici : impossible de rien voir de plus parfait.

Noble dame Françoise de Thélis, fut enterrée devant l'antique église de Chazay, tout près du tombeau de son oncle pierre Albaneys. Cette illustre dame eut deux maris (comme on le voit dans Le Laboureur, pag. 588. II). En réunissant sa dépouille mortelle à celle de son cher oncle, elle voulut en cela, ne point faire de jaloux. Elle testa le 13 janvier 1312 ; « son principal héritier, ajoute Le Laboureur, fut Jean Leclerc de Chazay-d'Azergues, son dernier mari. Elle légua diverses sommes à plusieurs personnages des fameux Thélis de Charnay. A Guichard, Arthaud et Héliette de Thélis, chacun cinq sols ; à Sybille, sa sœur, quarante sols. » Ce qui, à cette époque, était des sommes assez importantes (1).

En 1378, l'abbé d'Ainay informé que les Anglais attaqueraient indubitablement cette place forte, enjoignit à Messire Hugonius Spini, capitaine-châtelain de la forteresse, d'ordonner à ses chers bien *amés manants et habitants* de Marcilly, Civry, Lozanne, Saint-Jean-des-Vignes, Morancé, Tredo, Mont-Lusin (*Mons-Licinius*) et Lissieu, de transporter à Chazay où ils ont coutume de se *retraire*, tout ce qu'ils ont de plus précieux, femmes, enfants, etc., etc., afin que ces mêmes manants, réunis aux hommes d'armes du fort, y fassent guet et bonne garde, et évitent ainsi, de grands dangers. *Ad custodiendum contribuere debent in villâ de cazeto forts*.

Un grand nombre d'habitants de ces mêmes villages s'y étant refusés, les uns objectant qu'ils se défendraient chez eux (ceux de Morancé préféraient se retirer le cas l'exigeant, dans le château fort du Pin, ou dans celui de Beaulieu; *Belli locus*, lieu de la guerre); d'autres aimant mieux mourir que d'abandonner le toit qui les avait vu naître. Ce voyant, le seigneur baron de Chazay, présenta le 11 avril 1378, une requête à Charles V pour lui faire comprendre l'importance d'une semblable mesure, et obtenir plein pouvoir pour agir en conséquence.

---

(1) Mazur. de l'île Barbe page 589 t. II.

Le roi de France s'empressa d'accorder à l'abbé d'Ainay tous les pouvoirs nécessaires afin de forcer même au besoin violemment *(violenter)*, tous ceux qui se refuseraient d'obéir ; *car les Anglais occupent déjà Culat et les environs, et attaqueront sans doute Chazay* (1). *Nam milites Britanniæ appropinquant de Cazeto et jam Culat invadunt* (2).

Ces sages précautions ne furent point prises inutilement ; car, les Anglais ne comprenaient point alors cet amour, cette entente cordiale qu'on nous vante tant aujourd'hui. Ils vinrent donc attaquer Chazay ; mais, tous leurs efforts furent vains. Grâce à la vaillance des hommes d'armes et des habitants des communes circonvoi-

---

(1) Nous pensons qu'il est ici question de Culat, grande étendue de terres et de prés que l'on remarque en face de Morancé près l'ancien fief d'Iserables.

(2) Nous remercions ici plusieurs habitants de Chazay des renseignements qu'ils nous ont fournis, lorsque nous avons étudié sur les lieux cette ancienne ville du moyenâge. Nous remercions surtout M. Rimbourg, ex-maire, de l'extrême obligeance qu'il a mise à nous communiquer plusieurs documents précieux, entr'autre la copie d'une charte de Charles V roi de France. Cette charte si utile pour l'étude de l'histoire de Chazay, commence par ces mots : *nos Hugonius Spini*, et finit par ceux-ci : *et talis est.*

On remarque aussi combien étaient grandes les précautions prises par l'archiviste de l'abbaye d'Ainay, quand il remettait en des mains étrangères de semblables pièces :

« Nous, archiviste de l'abbaye d'Ainay, après copie prise, avons dès l'instant retiré cette charte donnée par Charles V, pour la réunir aux armoires des archives, dans l'ordre du n° 280. Lyon, 7 octobre 1743. »

sines, les Anglais nos éternels ennemis (comme ils le seront toujours) furent forcés de se retirer, laissant aux pieds de nos vieilles murailles, des monceaux de cadavres.

Mais, celui qui montra le plus grand courage et les plus grands talents militaires, fut bien, ma foi, le lieutenant de Messire Hugonius Spini, le fameux Théodorus, aujourd'hui connu dans le pays sous le nom de Baboin *(bat bien)*. A la tête des guerriers qu'il commandait, il opéra plusieurs sorties, surprit le camp ennemi et en fit une horrible boucherie (1).

En 1429, le vaillant Théodorus dit le BABOIN, après s'être encore distingué dans maintes occasions, avancé en âge, couvert de blessures reçues sur tant de champs de bataille, voulut finir ses jours à Chazay, sa chère ville. Il mit alors tout son bonheur à faire des heureux ; il prodiguait ses biens aux malheureux dont il était vraiment le père. Mais il aimait par dessus tout, à combler les vœux de quelques jeunes cœurs, qui se sentaient épris d'un amour pur et honnête ; c'est ainsi qu'il les préservait des pièges du vice, imprimant dans leur âme les saintes lois de la vertu, car il les unissait par les doux liens de l'hymé-

---

(1) Comme le prouve le rapport où il est question de Théodorus, lieutenant de Spini, dont un extrait fut donné en 1715, et l'original renfermé dans le cartulaire d'Ainay, dans l'ordre du n° 718.

née ; et voilà pourquoi, dit un adage populaire :

> Filles qui n'ont vu le Baboin ,
> Oncques mari ne trouvent point (**1**).

On sait qu'à cette époque de glorieuse mémoire (1429) , la main d'une femme , de cette mystérieuse Jeanne d'Arc , saisit l'oriflamme de nos anciens rois, le planta sur les murailles d'Orléans , battit l'ennemi , ne mit un terme à ses succès et ne crut sa mission finie , qu'après avoir fair sacrer à Reims le monarque de la France. On sait aussi que son âme, mêlée aux flammes allumées par d'infâmes ennemis s'envola dans le ciel, d'où bientôt elle put contempler la fleur de la chevalerie française se presser autour de Dunois, refouler l'anglais de ville en ville et le chasser à jamais de notre territoire national. Pourquoi dire à jamais ? est-ce que *l'entente cordiale* , nous le répétons, ne devait pas , plusieurs siècles après, consommer un crime aussi énorme ? C'est-à-dire attacher sur un affreux rocher le héros des héros, celui dont le nom n'est plus prononcé qu'avec un saint respect , même par les peuplades les plus sauvages.

O mon Dieu ! de quel châtiment terrible , ne

(**1**) Il résulte encore des anciens dons faits par Théodorus, un bureau de bienfaisance.

punirez-vous pas d'aussi grands coupables ? Jeanne d'Arc et Napoléon ! deux nobles martyrs ! quand serez-vous vengés !

A quelque temps de là, Théodorus termina sa noble et glorieuse carrière ; la nouvelle de sa mort causa un véritable deuil dans tout le pays. Mais, en 1453, il y eut à Chazay une grande et belle fête, fête nationale ma foi (cette année les Anglais furent chassés de toute la France) ; (1) pour conserver d'âge en âge le souvenir d'un homme aussi digne d'admiration et aussi bienfaisant, les habitants de cette contrée lui érigèrent une statue, qu'ils placèrent sur ces remparts, tant de fois témoins de ses exploits (2). Depuis 1839, une nouvelle a remplacé l'ancienne que le temps avait détruit ; et qui ne doit point être considérée comme un monument authentique, sur lequel on puisse retrouver les traits de notre héros ; car elle a servi pendant quelques années, aux montagnes françaises de Lyon, pour le tir au pistolet. Quoi qu'il en soit, elle fut élevée et dignement restaurée par les soins et les libéralités de plusieurs citoyens de cette commune ; elle produit au-dessus de cette

---

(1) A l'exception du port de Calais qui ne fut repris sur les Anglais qu'en 1518, par le duc de Guise.

(2) Les habitants des villages circonvoisins furent reconnaissants envers le Baboin, qui les protégea contre les Anglais.

porte du moyen-âge où elle est placée, un effet imposant.

Le jour de son inauguration, un concours immense de personnes accourues des villes et des villages voisins, s'empressèrent de payer un juste tribut d'admiration au brave Théodorus. Depuis lors, chaque année dans le mois d'octobre, on célèbre à Chazay avec pompe et éclat, la *vogue du Baboin*. De telle sorte, qu'il procure périodiquement à ses bons et anciens amis, quelques jours de joie, de bonheur et d'ivresse (1).

Apprenons par là, que toute fête qui se rallie à la mémoire des bienfaits, est la seule durable.

Il est fâcheux de rappeler, que la pierre sur laquelle reposa l'ancien Baboin fut, malgré les recommandations de M. Rimbourg, alors maire, brisée par les maçons chargés de faire les restaurations nécessaires pour placer le nouveau, on y lisait l'inscription suivante :

. . . . . STAT. . . THEODORO . . . .
. . . . . M.CCCCLIII (1453.) (2). . .

(1) Cette fête serait bien autrement belle, célébrée à la fin du mois de mai, en souvenir des hauts faits d'armes de Théodorus ; car c'est à la fin de ce même mois 1378, que les Anglais vinrent attaquer Chazay et en furent repoussés. D'ailleurs le temps serait plus beau, la fête plus digne du héros et en même temps plus profitable à la localité.

(2) Cette pierre ainsi brisée, fut noyée au milieu des constructions faites pour placer la nouvelle statue.

Dans tous les temps, surtout lorsque de grands évènements politiques ont agité la France, la petite ville de Chazay a toujours tourné ses regards vers celui qui fut son génie bienfaisant et la protégea sans cesse. Aussi, le bronze avec lequel a été fondu cette statue disparaîtra, tandis que l'attachement, l'amour sans bornes pour le héros seront éternels. En 1793, des fêtes furent mêmes instituées en son honneur ; transformé en déesse de la liberté, il portait avec orgueil et noble fierté le bonnet phrygien, sur lequel on lisait ces vers :

Les Français sont égaux, ce n'est point la naissance,
Mais la seule vertu qui fait la différence (1).

Rappelons aussi que, le 20 mars 1814, le Baboin arrêta pendant quelque temps un corps de l'armée autrichienne, dont le chef crut en voyant une sentinelle placée sur ces vieux murs crénelés, avoir affaire à une place forte. Effrayé, il campa dans les terres et prairies qui existent à l'orient et au nord de cette ville ; déjà il s'aprêtait à en faire le siège, lorsqu'il reconnut sa méprise. Un peu confus, il demanda quelques explications sur la statue dont il est ici question.

(1) Nous tenons ces renseignements de M. Desgouttes, de Chazay, ainsi que d'autres citoyens de la même commune.

Il fut si émerveillé et touché des vertus de notre héros, qu'il dit: *Eh bien ! il vous aura encore cette fois préservé du fléau de la guerre : je renonce à mes projets de dévastation.*

Et tandis que, toutes les communes du Beaujolais et du Lyonnais furent inondées de soldats, et en proie à tout ce que la guerre a d'horrible, tout ce que l'imagination peut présenter d'infâme et de révoltant ; c'est-à-dire le viol, le pillage, l'assassinat et l'incendie, Chazay seul n'eut rien à éprouver de semblable, de la part de *nos amis nos ennemis*, son génie tutélaire l'avait encore cette fois sauvé..... (1).

Descendu dans la tombe depuis plus de quatre siècles, cet homme admirable n'est point effacé de la mémoire et du cœur des habitants de cette ville. Comment oublier jamais celui qui fut non seulement bienfaisant pendant sa vie, mais encore après sa mort ! Il légua tous ses biens aux malheureux, dont une partie était prélevée pour couronner chaque année plusieurs rosières. Cet usage n'existe plus : pourquoi ? parce que des abus plus ou moins graves, en se glissant, s'introduisant là, comme dans toutes les institutions humaines, en ont été cause.

---

(1) Tous les habitants de Chazay racontent encore aujourd'hui avec orgueil, cet événement vraiment extraordinaire.

Trop souvent, les baillis se *laissaient aller* à ne pas toujours donner la palme à la seule vertu, comme semble le rappeler un certain couplet chanté dans Joconde :

> Ma mère et le bailli sont bien
> Je pourrai bien avoir la rose.

Quoi qu'il en soit, ces revenus employés autrement, n'en reçoivent pas moins une noble destination; ils servent à faire à de certaines époques de l'année, une distribution le plus souvent en comestibles, à ceux qui sont ou qu'on suppose être indigents.

Salut, ô Théodorus ! pardonne à un pauvre et obscur narrateur d'avoir osé parler de tes bienfaits en termes si peu éloquents et si peu digne de toi. Oui, tu fus grand, tu fus sublime ! un jour peut-être ces faibles données historiques, livrées à la publicité, fourniront quelques éléments à une plume plus capable de chanter tes exploits. Salut, ô Baboin ! (1) et puisse le ciel, nous donner beaucoup de citoyens qui te ressemblent.

De même que les petits des oiseaux rompent leur enveloppe calcaire pour jouir de la vie et

---

(1) Nous avons vu un vieux manuscrit où il est question du Baboin, écrit ainsi : Bast-Beoin.

de la liberté, de même aussi, Chazay renfermé dans son enceinte, pouvant à peine s'y retourner, brisa ses liens féodaux en 1790, et remplaça ses forteresses par de plus pacifiques constructions.

Alors, ses habitations semblent s'échapper, et toutes joyeuses s'éparpillent çà et là, s'emparent des sites les plus pitoresques, se taillent des jardins, des vergers et respirent à l'aise.

Aussi, cette ville, de guerrière qu'elle fut dans les siècles précédents, est devenu toute industrielle comme notre époque. On y voit des marchands, des pensionnats, des diligences, etc. En un mot il y a de la vie, de la civilisation. On ne peut se lasser d'admirer cette couronne de pampre qui l'environne. Les terres riches et fécondes y sont bien travaillées. Les habitants n'y sont point comme *ailleurs*, animés d'un certain esprit de lésinerie. Ils ont su établir des foires depuis plusieurs années, et les marchands qui s'y rendent, n'ont qu'à se louer de l'accueil qu'ils reçoivent.

De plus, ils sont pour la plupart, chauds patriotes, vifs et gais. On y rencontre plucieurs citoyens d'une grande affabilité, d'un esprit fin et enjoué. Tout cela leur attire bon nombre de rentiers, de négociants qui, retirés des affaires, veulent goûter un instant de repos au milieu de si belles campagnes, et s'écrier avec Horace :

Heureux l'homme des champs !

Disons donc en terminant, qu'excepté plusieurs vieilles tours et quelques pans de murailles démantelées, il ne reste plus rien que le souvenir de la gloire et de la puissance des anciens maîtres de cette ville. Eh bien ! si jamais nous nous sommes permis de jeter l'insulte soit aux hommes, soit aux institutions qui nous ont précédé, de même aussi, nous n'afficherons pas de vains regrets en nous posant comme un apôtre des temps déjà bien éloignés. Nous ne nous écrierons pas : ah ! combien était doux l'ancien régime ; hélas ! qu'est devenu le gouvernement de ces bons abbés, seigneurs barons qui, nous le répétons, possédaient dans cette contrée une fortune immense en immeubles, des juridictions et des privilèges sans nombre. Maudits soient les imprudents qui oseraient souhaiter au clergé ce qui, un jour, causerait sa perte et deviendrait inévitablement un sujet de trouble et de malheurs... D'ailleurs, comment ne pas oublier Dieu au milieu de tout ce tapage et de tant de préoccupations mondaines ? Est-ce conforme à l'esprit de l'évangile ? Est-ce que les disciples de Jésus avaient des citadelles, des places fortes imprenables ? Ambitionnaient-ils plutôt les biens temporels que les biens spirituels ? Eh non ! mille fois non , ils avaient en horreur le trafic des choses saintes, étaient pauvres d'esprit et de cœur, enseignaient la morale, et suivaient uniquement les préceptes du divin maître (1).

(1) Voir à la page 139, pour ce qui concerne l'inondation de l'Azergues en 1840, comment se distinguèrent alors plusieurs habitants de ce village ; ils firent preuve, dans cette circonstance, d'un courage et d'une audace extraordinaires.

Plusieurs fois les poètes et les romanciers, nous ont entretenu des hauts faits de Théodorus, dit le *Baboin*, de Chazay; mais il est difficile de le reconnaître à travers leurs fictions.

Néanmoins nous avons pensé faire plaisir à nos lecteurs, en donnant aujourd'hui un extrait du livre de M. Ménal, où notre héros fait partie d'une troupe d'acrobates.

LE BABOIN
OU LA TROUPE D'ACROBATES.

> Filles qui n'ont vu le Baboin
> Oncques mari ne trouvent point.

Il y avait, un soir de l'an 1358, grande rumeur dans la petite ville de Chazay, située sur les bords riants de la jolie rivière de l'Azergues, qui coule au milieu des vallées fraîches et pittoresques jusqu'à la Saône, au sein de laquelle vont se perdre ses eaux. La foule des habitants, des laboureurs et des artisans se pressait ébahie autour d'un charriot doré, attelé de deux bœufs et d'un âne : ce charriot apportait aux bons citadins et campagnards, de la joie et du divertissement, avec la troupe de saltimbanques qui était juchée dessus.

C'était vraiment un spectacle burlesque que celui qu'offrait sur son char de triomphe la troupe ambulante costumée, fardée, pressée, grimaçant, gesticulant en compagnie d'un singe, d'un perroquet, d'un chien. Le premier de ces animaux criait, le second sifflait et le troisième aboyait. Aussi la foule des badauds augmentait-elle sans cesse ; et, quand les acteurs nomades furent descendus de leur trône à quatre roues, dans une auberge borgne, pompeusement nommée hotel de la tête noire, ce fut devant leur nouveau domicile un véritable attroupement, qui fixa un instant l'attention du bailli et des gardes du châtelain ; car, de tout temps, les gens de la police, quel que soit d'ailleurs le nom que l'on donne à cette ignoble mission d'espionnage, ont toujours montré une humeur très susceptible et très ombrageuse.

Pendant que la foule curieuse devisait sur les évènements les plus remarquables du jour, s'appitoyant sur la captivité à Londres du roi de France, Jean II, surnommé à juste titre *le Bon*, fait prisonnier à la bataille de Poitiers le lundi 17 septembre 1356, après s'être battu vivement, ma foi, contre les Anglais, ainsi que son jeune fils Philippe, encore enfant ; pendant que les spectateurs attroupés parlaient des nouvelles levées d'hommes d'armes, et des mesures prises pour obtenir la liberté du roi, c'est-à-dire des collectes faites pour le paiement de sa rançon ; tandis que les uns voyaient dans sa défaite et sa captivité une juste punition du ciel pour le crime dont il avait souillé les premières années de son règne, en faisant arrêter arbitrairement, juger et exécuter sur le champ le comte d'Eu, Raoul de Tulle, devant son hôtel, le tout sans preuves, et uniquement par inimitié et animosité contre le roi d'Angleterre ; tandis que les autres accusaient les grands seigneurs de sa suite de trahison, et faisaient l'éloge du sieur de Morbel, gentilhomme français, combattant dans l'armée anglaise, qui avait reçu respectueusement le gantelet du monarque malheureux ; pendant, dis-je, que chacun causait ainsi dans la foule, un théâtre, ou espèce de tréteau, s'éleva presque par enchantement, comme à l'opéra d'aujourd'hui. Une corde raide était tendue, et une trompe appelait au loin une affluence encore plus grande de curieux. Bientôt le spectacle commença : il fut comique, grotesque, pathétique, religieux et profane, comme tous les spectacles d'alors. On joua un mystère, dans lequel on vit les douze Apôtres et Notre Seigneur, la sainte Cène, le jardin des Olives, le Calvaire, puis les trois Grâces et Apollon, Jupiter et ses foudres, les Muses et le Juif-Errant, la mort de Lucrèce et Jonas dans le ventre de la baleine... Si vous aviez vu les bons villageois riant, applaudissant ; les enfants juchés sur les arbres les plus élevés, comme dans les meilleures loges ; les femmes sur les tables, leurs enfants dans les bras, et les ébats les plus bruyants succédant au silence le plus profond ; puis les gambades, les lazzis du diable courant après le roi Édouard, fine allusion politique digne du temps. Oh ! vous auriez ri de bon cœur aussi, et de la joie des uns, et des folies des autres. Bientôt, à la lueur des flambeaux, on donna le signal des danses et des exercices, et l'on vit tour à tour paraître sur la corde raide messire Cassandre en habit de clerc, couvert de paillettes, puis des chevaliers d'armes combattant contre les Sarrasins, et le supplice des Templiers arrivé sous le roi Philippe-le-Bel, en 1313. Puis, à ce spectacle succéda la danse grotesque de l'ours amoureux, allusion méchante à quelque lourd et puissant personnage de cette époque. Puis, l'on vit paraître, dansant avec agilité et souplesse, le jeune THÉODORE, premier acrobate de la troupe, qui, couvert d'une peau de mouton teinte en noir, représentait tant bien que mal, l'ours amoureux... C'était, par la ressemblance, un ours ou un sac de charbon animé ; c'était ce que vous voudrez... et cependant l'ours danseur excita un *crescendo* de rires et d'applaudissements.

Or, pendant que l'ours amoureux, un énorme bâton

dans ses griffes, et poussant des hurlements qui ressemblaient assez (grâce au jeune âge de l'auteur) aux miaulements d'un chat malade; pendant que l'ours Théodore gambadait et gesticulait, que la jeune bohémienne de la pièce fuyait devant la bête furieuse, offrant ainsi au public ébahi, et comme par anticipation le conte si étrangement sentimental de la belle et la bête... Soudain, les cris : au feu ! au feu ! se font entendre, le désordre et l'effroi se répandent dans le triple cercle des spectateurs ; au feu ! criait-on de toutes parts avec plus de force ; et la foule se dispersait, cherchant, d'un œil inquiet et effaré, de quel côté partaient ces cris, et où se trouvait l'incendie ; lorsque les flammes s'élevèrent menaçantes du faîte d'un vaste édifice voisin de l'auberge du Lion d'Or. C'était le manoir des vicomtes de Châtillon, dont le seigneur et maître se trouvait prisonnier à Londres avec le roi Jean. L'incendie faisait des progrès rapides, et les flammes étaient sur le point d'atteindre l'étage le plus élevé, lorsque des cris : au secours ! au secours ! secourez-nous au nom de Notre-Dame ! secourez-nous ! se firent entendre d'une petite croisée d'une des tourelles du château. A ce cri, l'effroi et la stupeur redoublèrent ; il y eut un moment d'indécision, lorsque le jeune Théodore qui remplissait le rôle de l'ours amoureux, s'écria : « Personne ne
» veut donc les sauver, ces malheureuses femmes ! per-
» sonne ne veut les secourir ! une échelle donc, apportez-
» moi une échelle, je m'exposerai moi, et je les sauverai
» ou je périrai. »

A ces paroles il se fit un silence morne, que personne n'osa interrompre... Tous les yeux étaient dirigés sur le jeune Théodore couvert de sa peau d'ours : pauvre saltimbanque, il y a un instant, il paraît un héros maintenant. Un sentiment d'admiration, un murmure approbateur, avaient accueilli sa proposition, l'échelle désirée fut longtemps attendue; on l'apporta enfin, bien à temps, ma foi, car le feu envahissait sa dernière proie, la retraite des femmes et des enfants éplorés de la noble famille des Châtillons. La dresser, la fixer sur le sol, la faire soutenir par des hommes vigoureux, fut l'affaire de quelques minutes, et la foule était encore incertaine et effrayée, que déjà le jeune Théodore avait, plus leste et plus agile qu'un chat sauvage, atteint la croisée embrasée, pris dans un de ses bras un enfant, chargé sur ses épaules une jeune femme ; déjà il redescendait lentement, aux applaudissements de la foule, et paraissait fier de son fardeau et de sa noble action. Cependant le danger augmentait pour deux victimes restées dans l'intérieur, et qui, étaient exposées aux fureurs des flammes ; à peine en vient-il de sauver deux, que Théodore s'arrachant à la reconnaissance générale, disparaît, s'élance, grimpe, vole sur l'échelle et brave de nouveaux périls... Cette fois il y eut un moment d'effroi et d'anxiété terrible ! il fut long à reparaître ; on le crut enseveli sous les décombres brûlants ! on le vit enfin tenant pendu à ses dents une jeune fille de six ans, et attachée à son cou qu'elle serrait de ses deux bras, une jeune femme mère de cet enfant, et l'épouse du vicomte de Châtillon ; mais le feu consumait déjà leurs vêtements, et lui-même, le visage et les mains brûlés et sa peau d'ours flamboyante, il courait les plus grands risques ; il était sur le point de succomber quand il toucha enfin le dernier échelon : « de l'eau ! de l'eau ! criait-il, secourez-nous ! répétait-il se roulant à terre », et il y avait quelque chose d'horriblement grotesque et d'affreusement comique dans les tortures du jeune Théodore, dans son costume d'ours embrasé... Soit par instinct, soit malicieusement, les rangs de la foule s'ouvrent, et un manant, assisté de deux enfants, guident ou plutôt traînent le jeune Théodore jusque dans une mare infecte, où ils le poussent et le jettent tout à la fois : ce dernier s'y prêtant du reste lui-même de la meilleure grâce du monde ; car, dans l'incendie de sa peau, il cût, comme un canard, senti l'eau à deux lieues à la ronde... C'était vraiment un spectacle piteusement risible, un spectacle burlesque, que celui qu'offrit pendant quelques minutes le jeune ours Théodore, nageant dans la mare bourbeuse et s'y débattant avec des cris de joie, des gestes ignobles, ruisselant d'eau, chargé de vase, et sa peau brûlée fumant encore. Tout hideux qu'il était, la foule l'admirait; elle le porta en triomphe, lorsque tout transi il sortit de son réservoir, échappé à l'incendie et au déluge... Le soir il reçut maintes caresses, maintes félicitations; on fit même une quête en sa faveur, ce qui lui fit grand honneur, accompagné de lucre, c'est-à-dire de profit. Ce ne fut que le lendemain matin, qu'appelé devant les nobles dames, l'épouse et la sœur de Messire Jean-Pol-Guillaume, vicomte de Châtillon, il se vit revêtu de beaux habits, et apprit qu'il plaisait et agréait aux châtelaines, que lui Théodore Sautefort, pour les hauts et éminents services qu'il leur avait rendus en leur *faisant la vie sauve*, restât attaché à leur castel et manoir, en qualité de page et officier de bouche de leur maison, en laquelle il trouverait plaisance, honneur et joie.

Cette nouvelle combla de joie et de bonheur le jeune Théodore, qui avant de se séparer de ses frères et compagnons, avant de quitter la troupe des saltimbanques ambulants, qui, admise en présence des vicomtesses, en fut récompensée largement, lui fit les plus tendres, les plus touchants adieux, et lui laissa tout ce qu'il avait pu amasser d'argent et de hardes, ainsi que sa chère peau d'ours, unique et sublime cause de sa première et dernière fortune. Au bout de quelques mois, le sieur Jean-Pol, vicomte de Châtillon, ayant payé sa rançon et rejoint sa dame éplorée et ses vassaux, qui le pleuraient aussi, tant il s'en était fait aimer, récompensa dignement le jeune Théodore Sautefort, qu'il fit élever avec soin et qu'il emmena l'année suivante avec lui à l'armée en qualité de secrétaire. Théodore, s'y étant distingué contre les Anglais et ayant été recommandé au régent, fut armé chevalier et nommé capitaine des gardes de son maître ; à son retour dans ses domaines, le sieur de Châtillon, dont la reconnaissance et l'affection pour Théodore de Sautefort allaient toujours en croissant, le nomma intendant et majordôme de ses manoirs, castel, fermes et terres. La fortune du favori augmentant toujours sous l'influence de sa bonne étoile, il épousa, en l'an 1359, une des petites cousines de son maître ; qui lui donna un de ses chateaux du bourg de son nom et les terres de sa dépendance. Théodore de Sautefort n'usa de sa haute prospérité que pour faire des heureux : il fit élever avec soin tous ses jeunes frères, et leur donna une profession. Il fonda une école dans le bourg de Chazay ; et à sa mort, arrivée par suite de blessures reçues au service du régent, il légua à ce bourg une somme de cinq cents livres tournois pour les jeunes orphelins, et une pareille somme pour les jeunes filles sans dot. Et voilà pourquoi les habitants reconnaissants du petit bourg de Chazay ont fait placer, sur une des tours en ruine de son vieux château, une statue en fonte d'une forme grotesque, et sur le socle de laquelle on lisait encore, il y a quelques années, ce mot à moitié effacé : TÉODORO. Et voilà encore pourquoi, on répète dans cette contrée :

> « Filles qui n'ont vu le Baboin
> » Oncques mari ne trouvent point. »

LIERGUES.

Liergues est une des quinze communes du canton d'Anse, et, avant la révolution, était village, paroisse, château et seigneurie dans le Lyonnais.

L'abbé de Cluny avait des droits sur sa cure (1).

L'étymologie du mot Liergues doit, peut-être, dériver de *liard-garde ;* car, de tout temps, les habitants de ce village, ont été considérés comme très économes, remplis d'ordre et aimant le travail ; ce sont là, les principales vertus qui les distinguent. De telle sorte que, le terrain étant travaillé avec ardeur et intelligence, on remarque partout, même chez le plus simple vigneron, un bien-être généralement senti.

En faut-il davantage pour expliquer l'épi-

---

(1) Dans cette paroisse il y avait, avant 1789, un juge, M X... ; un lieutenant de juge, M. Ronjon ; un châtelain, M. Desmaze ; un procureur fiscal, M. Lièvre ; un greffier, M. Butty.

La justice comprenait, alors, toute la paroisse de Liergues et la plus grande partie de celle de Pouilly-le-Monéal.

thète offensante que par méchanceté, ou plutôt par jalousie, ils ont été si injustement gratifiés ?

De plus, ils sont bons patriotes, doués d'une grande énergie dans le caractère (ils l'ont prouvé dans bien des circonstances), et forment comme une nombreuse famille, où *l'entente cordiale* peut être regardée là comme *une vérité*.

N'oublions pas de mentionner ici, que cette commune possède une église vraiment remarquable ; elle est bien, sans contredit, la plus belle de tout le canton d'Anse.

Cet édifice religieux existait déjà dans le XVIe siècle ; car nous lisons, dans un vieux manuscrit, que le huguenot qui mit le feu, par imprudence ou autrement, à la magnifique flèche de l'église de Villefranche, fût saisi proche l'église de Liergues, d'où il fut bientôt reconduit par le peuple violemment irrité, jusques devant le parvis de Notre-Dame-des-Marais, pour y être brûlé tout vivant, et sans autre forme de procès....

Ce ne fut pas toujours dans les grandes cités, que l'art chrétien éleva ses chefs-d'œuvres, souvent dans une ville modeste, au fond d'une solitaire vallée, au milieu d'un simple village, le voyageur rencontre des monuments qui disent à l'homme les prodiges des âges qui ne sont plus.

On aime à voir le détail d'ornementation, qui se fait partout admirer dans cet édifice. C'est bien là le style ogival qui, léger, élancé, semble élever le cœur vers les cieux.

Pour ne pas entrer dans l'énumération des beautés architectoniques, nous nous contenterons de dire que souvent on vient les étudier ; et quelquefois, le crayon du dessinateur les confie au papier pour en enrichir les albums.

Voici les vœux que nous faisons dans l'intérêt des arts, de ce digne village et de la religion :

Nous souhaitons que l'on n'y commette plus à l'avenir des restaurations imprudentes, qu'on laisse entièrement de côté le badigeon si cher aux marguilliers ; afin que ce monument, si remarquable, brille de sa beauté première.

LUCENAY.

Ce village, l'un des plus importants, des plus considérables du canton d'Anse, est aussi très heureusement situé.

Il possède non seulement un terrain très productif, mais encore de nombreuses carrières de pierres.

Lucenay pourrait bien tirer son origine du fameux Licinius, cet affranchi de Jules César, dont il est fait mention dans la première partie de cette histoire ; car, nous avons vu plusieurs manuscrits où ce village est appelé *Liciney*.

Quoi qu'il en soit, il est certain que, la position occupé par ce village, a dû être de tout temps recherchée. Partout où l'on fouille le sol, on rencontre des vestiges d'anciennes habitations ; c'est surtout dans les terres situées au midi que, le laboureur en travaillant son champ, fait de semblables découvertes.

On y remarque encore le château de la famille de Pausuel de Verna, qui fut construit vers le milieu du siècle dernier. Il est comme tous les monuments élevés à cette époque : il se ressent du mauvais goût qui régnait alors. M. Pausuel de Verna, ayant été nommé secrétaire d'ambassade, vendit ce château et ses dépendances à ce qu'on appelait alors la *bande noire* (1), qui divisa les terres en une infinité de parcelles, que, les habitants si avides de posséder du terrein, s'empressèrent d'acheter. Le château fut alors vendu à un M. Louis. Ce dernier y éleva une filature de coton ; mais il s'aperçut bientôt qu'il s'était grandement fourvoyé, en établissant une semblable industrie dans un tel pays, où les terres produisent tout en abondance ; les habitants, contents de leur sort, sont loin de demander à une branche quelconque du commerce d'autres moyens d'existence. C'est pour cela que, la main-d'œuvre étant trop chère, cet industriel ne put soutenir la concurrence avec les autres fabriques placées dans des contrées où la divine Providence n'a pas jugé convenable de fournir avec autant de prodigalité ses immenses bienfaits. Il fut donc forcé de renoncer à son entreprise. Ce château fut de nouveau vendu au sieur Daverdy pour la somme de 16,000 francs ; il le

(1) Nous sommes loin de vouloir par là déverser le moindre blâme sur de semblables spéculations ; au contraire, elles contribuent puissamment à diviser la propriété, ce qui nous semble très heureux pour l'humanité.

céda à son tour aux sieurs Gonnard et Berger ; ceux-ci le revendirent à divers propriétaires, qui le possèdent encore aujourd'hui.

L'église de Lucenay, devenu trop petite pour recevoir le nombre des fidèles qui s'est beaucoup augmentée, a été démolie au commencement de l'année 1844.

C'est dans un cellier, appartenant à un propriétaire de Marcy (1), qu'on célèbre les offices divins, jusqu'à ce que la nouvelle église, aujourd'hui en construction, soit entièrement achevée.

Le dessin de celle-ci a été tracé avec un goût pur et simple. Elle forme trois nefs, séparées par deux rangées de colonnes. La principale porte d'entrée est tournée à l'occident.

Les nefs latérales sont éclairées par une ligne de cinq fenêtres chacune ; le chœur est voûté et supporte le clocher. Cette voûte, ce clocher et la façade faisaient partie de l'ancienne église.

Il n'y a pas encore une année que la nouvelle a été commencée, et bientôt on pourra l'ouvrir au public. C'est M. Benoît, architecte à Lyon, qui en a tracé le plan.

Il est heureux de signaler ici le digne architecte qui en dirige les travaux, et qui cultive avec

(1) M. Régipas.

tant de zèle, de goût et de succès le style du moyen-âge. Ce genre d'architecture si sublime, que l'on a trop longtemps négligé.

Cependant, quoique ce village possède de belles carrières de pierres, l'église n'aura point été construite avec celle qu'on en extrait chaque jour, en si grande quantité ; les entrepreneurs n'ayant pu s'entendre avec les maîtres tailleurs de pierres de cette localité, ils ont préféré en faire venir de Tournus (Saône-et-Loire) ; celle-ci, est néanmoins belle et aussi très recherchée.

La pierre de Lucenay est d'un blanc jaunâtre, grênelée, cassante, susceptible d'un poli mat sans brillant, facile à tailler et très estimé pour les constructions faites avec un certain luxe.

Il est certain que, depuis bien des siècles, les carrières sont exploitées et ont servi à élever de superbes monuments. On prétend que, le petit édifice qui fait suite à la façade de l'église de Saint-Jean de Lyon fut construit avec la pierre de Lucenay. Cet édifice est cependant très ancien ; il remonte au premier temps du moyen-âge. Ce qui le prouve, ce sont les cordons de briques qu'on y remarque.

C'est des carrières de M. Joseph Berger, qu'est sorti la rose qui, orne la principale façade, de la vaste chapelle que, M. Bossand a fait construire à Villefranche (Rhône), pour les sœurs Ursulines, dans le style romano-byzantin.

Il existe sur le territoire de ce village une source d'eau vive très remarquable ; elle ne tarit jamais, et faisait autrefois tourner un moulin. Elle remplissait aussi les fossés de l'ancien château de Chiel.

Cet ancien fief, dont il reste encore quelques vestiges, appartenait à l'ancienne famille de Chiel.

MARCY-SUR-ANSE.

Plusieurs auteurs prétendent que le nom de ce village vient de Marcius, général romain.

Marcy était autrefois prieuré, paroisse dans le Lyonnais, du ressort de la sénéchaussée de Lyon ; le *prieur* et patron de la cure, M. de Laurencin-Chanzé, grand prieur de Savigny.

Son dernier seigneur, haut justicier, fut M. le baron Dacier de Lachassagne, brigadier des armées du roi de France.

Ce village est donc très ancien, ce qui le prouve, ce sont les vestiges des temps les plus reculés trouvés sur le territoire qu'il occupe.

C'est ainsi qu'en minant, il y a quelques années, une portion de terrein, située à l'occident et au pied de la montagne appelée, dans cette contrée, Montesin, on rencontra, non seulement quantité de médailles romaines, des débris de statues, des lances, des javelots, mais encore un assez grand nombre de squelettes (1).

(1) Toutes ces curiosités ont été soigneusement recueillies par M. Sollichon, de Marcy.

Ces squelettes ne furent pas plutôt exposés au contact de l'air, qu'ils tombèrent en poussière ; les dents et les os longs avaient seuls conservé une certaine solidité, et frappèrent vivement l'imagination de tous ceux qui les contemplèrent; car ces débris humains avaient appartenu à une espèce d'homme d'une stature gigantesque. Nous mêmes en avons vu un *femur*, et nous avons pu très bien nous convaincre qu'il était au moins un tiers plus long que dans l'état normal. Nous avons entendu, là-dessus, faire des suppositions assez bizarres. Un savant de la localité nous a assuré que ces ossements avaient dû appartenir à ces hommes si audacieux (les Titans), qui escaladèrent le ciel. Il ajouta : *Vous voyez cette haute montagne, nommée Montesin par corruption, vient de Monte-au-Ciel!!* Nous nous contentâmes de citer à notre docte interlocuteur ces vers de notre bon Lafontaine, à propos de *la montagne qui accouche* :

> Quand je songe à cette fable,
> Dont le récit est menteur,
> Et le sens est véritable,
> Je me figure un auteur
> Qui dit : Je chanterai la guerre
> Que firent les Titans au maître du Tonnerre.

Mais quelle explication donnerez-vous ?

Il est probable que dans les temps anciens, comme aujourd'hui, lorsqu'on se faisait la guerre, il y avait des corps d'élite qui succombaient quelquefois en grand nombre. Il est possible que le lieu où on a découvert ces débris d'hommes fût le théâtre d'un combat sanglant.

Au sommet de la montagne dont nous venons de parler, à l'endroit même où s'éleva jadis le fameux château de la Femme-à-Deux-Têtes (1), s'agite et se tord en tous sens un télégraphe, correspondant avec celui de Theizé d'un côté, et Marcilly de l'autre.

Nous avons fait plusieurs fois des recherches à l'égard de cette femme dont il est ici question ;

> Mais c'est encore une fable
> Dont le sens est véritable.

Car cette femme, comme il y en a tant, pensait pour elle et son mari, ou pour parler plus vulgairement encore, *portait les culotes ;* voilà pourquoi d'autres prétendent qu'elle fut ainsi nommée.

Quoi qu'il en soit, il existe là les fondations d'un ancien château-fort. Nous croyons sans peine que ce lieu si élevé a dû être remarqué dans tous les temps, surtout à l'époque de la féodalité, où de toutes parts s'élevaient des donjons crénelés.

Néanmoins, malgré toutes nos investigations à

---

(1) Nous avons déjà dit deux mots de cette femme à deux têtes. *Voir* les pages 133 et 134.

cet égard, il nous a été impossible de pouvoir en cela fournir de plus amples renseignements.

L'église de Marcy est aussi très ancienne ; les murs en sont d'une grande épaisseur et les fenêtres d'une si petite dimension, qu'elles ne laissent percer, dans l'intérieur de cet édifice, qu'une lumière douteuse qui détache l'attention de l'homme des objets périssables, pour les tourner exclusivement vers la région des idées, vers les mondes de la pensée.

Le cintre de ces étroites fenêtres est très simple ; il ne présente, au dehors, pour tout ornement, que la symétrie des pierres, suivant le système de construction qui fut employé par les Romains ; les autres parties des murs sont formés de pierres carrés pouvant avoir, pour la plupart, huit à douze centimètres de côté, intimement liées par une couche de béton. Comme presque toutes les églises romanes, elle est aussi de petite dimension. Le chœur est voûté, tandis que la nef ne l'est point ; on sait que dans les premiers temps les artistes avaient de la peine à établir de grandes voûtes.

Le portail est tourné à l'occident. A la fin du XVIIIe siècle on substitua celui que l'on voit aujourd'hui à l'ancien, car on lit au-dessus et en dedans de la porte d'entrée :

CE PORTAIL A ÉTÉ PLACÉ PAR DON DE M, CLAUDE JOSEPH THEVENET CHANTRE-CHANOINE DE ST-NIZIER VICAIRE GÉNÉRAL DE LYON DÉCÉDÉ LE 10 AOUT 1785,

Nous ignorons pourquoi on dit, en parlant des habitants de ce village : les *ours de Marcy*. Ne pourrait-il pas se faire qu'étant autrefois entouré de vastes forêts hantées par une très grande quantité de ces quadrupèdes féroces, le souvenir s'en est ainsi perpétué jusqu'à nous ?

Il n'en est pas moins vrai que les habitants de cette commune sont, pour la plupart, propriétaires aisés, probes, laborieux, et généralement très estimés de tous ceux qui les connaissent.

On y cultive principalement la vigne, qui produit un vin d'une couleur très foncée. Il est recherché par les petits marchands de vins, qui le mélange avec ceux d'une autre qualité, le plus souvent avec l'eau, et le livre après à la consommation de la classe ouvrière des villes voisines (1).

---

(1) Voir au chapitre traitant des Mœurs, Usages et Coutumes, une légende en patois concernant Marcy.

MORANCÉ.

Nous dirons peu de choses de ce village, dont il a déjà été question aux pages 133, 134 et 135 de cet ouvrage, où nous renvoyons le lecteur.

Les habitants passent pour être riche, et le sont en effet; ils possèdent une église qui est très ancienne. Ce qui le prouve, c'est que le clocher présente, comme cela avait lieu dans les premiers temps du moyen-âge, des cordons de briques rouges.

On remarque non loin de ce village, le magnifique château de Beaulieu, appartenant à M. le marquis de Chaponay, d'une noble et très ancienne famille du Lyonnais, dont les preuves de noblesse remontent au commencement du XIIIe siècle. Nous avons dit ailleurs que le nom de ce château vient de *belli locus*, lieu de la guerre : En effet, ce château était autrefois solidement fortifié. C'est là où les habitants de Morancé se retirèrent lorsque les Anglais vinrent attaquer Chazay (Voir à l'article Chazay-d'Azergues).

Au-dessus de ce village on aperçoit encore les restes d'un antique château, connu dans cette contrée sous le nom de château Dupain.

POMMIERS.

Sur le versant occidental de la montagne de *Buisante*, s'étend le gros village de Pommier, qui, bien que déjà connu au Xe siècle, a été plusieurs fois détruit et saccagé, et ne présente plus qu'un aspect moderne.

Pommiers était, avant la révolution, paroisse dans le Beaujolais, et avait pour seigneur haut justicier monseigneur le duc d'Orléans.

Nous lisons dans un ancien manuscrit, que MM. les comtes de Lyon y percevaient la dîme, à cause de l'Ile-Barbe. Les officiers de la prévôté de Villefranche étaient obligés d'y aller tous les ans pour y tenir les assises le jour de la Saint-Barthélemi, patron de la paroisse.

L'église que l'on remarque à Pommier est très ancienne, puisqu'on prétend que Guichard III, sire de Beaujeu, en fut le fondateur. Il est certain qu'avant 1790 on y voyait les armes de cette illustre maison.

Sous la restauration, cet édifice fut agrandi par la munificence de plusieurs riches propriétaires de cette commune, entr'autre M. de Saint-Trys.

Malgré qu'elle ait subi plusieurs transformations, elle fixe encore l'attention des antiquaires et des historiens, par les ouvrages symboliques de sculpture que l'on remarque. Quelle explication faut-il donner de tous ces mythes mystérieux? Ce sont-là des questions difficiles à résoudre ; cependant, la tradition semble nous fournir là-dessus quelques documents.

Il n'y a pas encore cent ans qu'on voyait les restes d'un ancien prieuré qui avait appartenu aux Templiers. Ne pourrait-il pas se faire qu'avec les débris de cet ancien édifice, on ait restauré l'église dont il est question.

Les Templiers qui font remonter leur origine aux mystères d'Egypte, les francs-maçons et autres sociétés religieuses et secrètes, qui aux XIe, XIIe et XIIIe siècles étaient à leur apogée, s'associaient souvent entr'elles dans le but d'élever des temples et de propager des idées religieuses ; l'artiste initié en construisant une église ou burinant ses ornements, s'efforçait d'agir sur les profanes et représentait toujours une idée. Mais le sens intime du mythe, renfermé dans la construction ou dans les sculptures qui l'ornaient, n'étaient compréhensibles qu'aux initiés eux-mêmes. C'est pour cela qu'on distingue la plupart de ces anciens monuments par leur caractère mystique et idéal.

Il semble que, dans cette église, le génie du mal est en lutte avec le génie du bien, la ruse avec la vigilance. Ici, sur un pilier l'on voit très bien sculpté un coq et un renard ; là, une grenouille, un lézard, ce dernier est en partie mutilé.

On y remarquait aussi plusieurs têtes de chat. On sait que dans les mystères d'Isis, cet animal est le symbole de la vigilance et d'un jugement austère.

On admire encore la chapelle tournée au midi ; à chaque clé de voûte on aperçoit des anges si bien faits et si gracieux, qu'ils semblent planer au dessus de ceux qui les admirent.

Au sommet de la montagne de Mont-Buisante, ou découvre de toute part le plus beau panorama qu'il soit possible de voir.

La traditon rapporte qu'au sommet de cette montagne, très élevée, existait un temple de Druides.

C'était sur des lieux très hauts que les Druides faisaient leurs sacrifices ; ils suivaient en cela une sorte d'instinct, commun à tous les peuples primitifs ; ils croyaient se rapprocher de la divinité en s'élevant davantage vers le ciel ; ils agissaient comme les Juifs qui, dans la loi ancienne, ne pouvaient sacrifier que sur les *hauts lieux*.

Disons en passant deux mots sur le culte des anciens :

Les écrivains de l'antiquité s'en sont peu occupés, et les auteurs modernes qui ont traité de ce sujet, n'ont été guidés que par quelques passages de Jules César. L'ouvrage de Dom Martin, le savant bénédictin, est aussi celui où l'on trouve le plus de faits rassemblés sur cette matière.

On sait que les Gaulois offraient à leurs Dieux des sacrifices humains ; ils prétendaient que Saturne leur avait enseigné à offrir à Jupiter des victimes humaines, et que lui-même avait offert son fils en holocauste, mythe qui se retrouve dans presque toutes les anciennes mythologies ; ceci établit un rapport entre ce culte et celui des Hébreux, puisqu'Abraham offrit Isaac au Seigneur.

Le sacrifice ancien, se continuant dans tous les siècles précédents, n'était autre chose que l'annonciation du Christ. Il a été l'ancêtre du Christ dans l'ordre religieux.

On sait que les Druidesses, leurs prêtresses, cueillaient le guy sur les chênes dans le bois sacré (d'où dérive le *Bois-d'Oingt*).

Il ressort d'un passage de Pline, que les Romains avaient trouvé une grande analogie entre les rites des Perses et ceux des Gaulois. Cet illustre écrivain s'exprime ainsi en parlant de ces deux peuples :

« Malgré l'impossibilité où ils se trouvaient de se connaître l'un l'autre, et malgré l'éloignement des deux pays, ils pratiquaient si bien les mêmes superstitions, qu'on eût dit qu'ils s'étaient communiqués leur religion. »

Saint Clément d'Alexandrie, qui florissait dans le IIe siècle de notre ère, a vu aussi le rapport de ces deux religions, et a dit :

« Que, comme celle des Perses, la religion des Gaulois était une religion de philosophes. »

Les Gaulois croyaient fermement à l'immortalité de l'âme, et n'adoraient qu'un seul Dieu : Esus, *le Dieu terrible*, comme le Dieu des Juifs et des Scythes (en bas Breton ou Celte, *Heüs* signifie terrible) ; Esus était en quelque sorte le *Deus ignotus* des Romains. La forme principale sous laquelle ils l'adoraient, était le chêne.

Telles étaient primitivement les idées et les formes du culte des Druides ; mais environ deux siècles avant Jésus-Christ, l'unique Dieu commença à s'ébranler, et les Gaulois admirent dans leur mythologie les Dieux astronomiques adorés alors par presque tous les peuples civilisés. Les Druides, forcés de céder aux vœux des peuples, sacrifiant aux nouveaux Dieux, restèrent néanmoins mentalement fidèles à Esus.

C'est ce nouveau culte que César trouva établi, lorsqu'il fit la conquête des Gaules ; on peut en juger par le passage suivant de *ses Commentaires :*

« Les Gaulois, dit-il, adorent Mercure, Apollon, Jupiter, Minerve et Mars, et ont presque les mêmes idées que les Grecs et les Romains. »

Les Gaulois adoraient le soleil. Aussi, de même que les Perses, jusques quelques années avant 1789, le 25 décembre, c'est-à-dire à la renaissance du soleil, on célébrait au dessus de Mont-Buisante quelques restes de cet antique usage. Des feux étaient allumés, puis une roue enveloppée de paille, à laquelle on mettait le feu, était conduite à travers les champs.

Ce qu'il y a de certain : c'est que toutes les fois que l'on fouille sur cette montagne, on trouve des curiosités antiques qui confirment ce qu'en rapporte la tradition.

POUILLY-LE-MONIAL.

Pouilly-le-Monial est aussi, un des quinze villages du canton d'Anse. Avant 1790, il était du ressort de la sénéchaussée de Lyon, justice de Liergues, de Jarnioux et d'Oingt.

Le prieur de Montverdun nommait à la cure.

Plusieurs vieillards se souviennent encore de madame veuve Mogniat, dame de Pouilly-le-Monial.

A une faible distance, et sur le penchant oriental de la côte, est un hameau (Grâve) dépendant de ce village, où l'on remarque les restes d'un manoir féodal, dont nous ne connaissons guère des anciens maîtres que les grands coups d'épée.

D'ailleurs, ce vieux château était, en tout, semblable à ceux dont nous avons déjà parlé, et qui formaient, dans cette contrée, un système de défense des mieux combiné. Que dirons-nous donc? qu'il était entouré de tous les moyens employés pour repousser les agressions que souvent les seigneurs d'autrefois se permettaient entr'eux sous le plus léger prétexte.

On y voyait autrefois une tour, au bas de laquelle était une porte qni se fermait avec un pont-levis traversant un large fossé qui entourait tout l'édifice. Dans cette tour existait un souterrain qui servait de prison; on y parvenait par une ouverture placée au haut de la voûte, et à laquelle s'appliquait une échelle que l'on retirait lorsque le prisonnier était dedans.

Au-dessus de la montagne est une place, où, il y a quelques années, les jeunes gens se plaisaient à se divertir le jour de leur fête balladoire, la Saint-Pierre. C'était un dernier souvenir qu'ils venaient payer aux siècles passés, aux maîtres qui rendirent cette contrée si redoutable. Mais ils ont quitté cette ancienne coutume, et le jour de la fête patronale, c'est dans le village même qu'ont lieu les divertissements, qui sont pour les habitants, recevant alors leurs parents, leurs amis, un moment de joyeuse vie. Là, comme dans presque tous les villages des environs, on y trouve partout la gaîté la plus grande et la plus cordiale, le sans-façon le plus plein de laisser-aller et le plus bachique.

L'accord le plus parfait règne au milieu des habitants de cette paroisse, dont le pasteur tant aimé et si digne de l'être, semble en être le père.

POUILLY-LE-CHATEL.

Pouilly-le-Chatel dépendait, avant la révolution, de l'ancien archiprêtré d'Anse. Mais ce qui le rend plus intéressant encore, c'est qu'il fut la résidence ordinaire des fameux sires de Beaujeu. Ce que l'on en voit aujourd'hui prouve assez combien fut grande leur puissance et leur gloire.

Comme on s'est tant de fois occupé de l'histoire des célèbres sires de Beaujeu, nous croyons nous dispenser de nous étendre longuement sur ce qui le concerne.

Il est certain qu'en 1210 le château de Pouilly existait déjà; car plusieurs historiens nous apprennent que Guichard III en revenant de Constantinople passa à Assise afin d'obtenir du glorieux saint François plusieurs religieux.

Saint François voulu bien lui en confier six, qu'il installa dans son château de Pouilly-le-Châtel, où ils séjournèrent pendant neuf ans.

Cependant, nous lisons dans un vieux manuscrit que « le diable, ennemi des bonnes œuvres, a toujours eu des suppôts qui s'opposent au commencement des institutions religieuses. C'est pour cela que le portier du château, au mépris des recommandations de la loyale femme de Guichard, troisième de ce nom (1), qui voyait qu'il n'y avait rien à gagner avec ces religieux, à cause de leur pauvreté, les maltraitait et leur faisait mille indignités, leur fermant la porte du château avant qu'ils fussent revenus de la quête, et les faisait coucher à la belle-étoile, et quand il les savait dedans, ouvrait la porte si tard, qu'ils ne pouvaient vaquer à leurs affaires et remplir les fonctions de leur Ordre et institut. » C'est pour cela que ces bons religieux furent transportés à Villefranche.

Edouard II, Sire de Beaujeu, jeta par les fenêtres un huissier. Voici à quelle occasion :

L'histoire rapporte qu'il enleva un beau jour la fille de Guionnet de la Bessée, riche bourgeois de Villefranche. Celui-ci fit entendre des plaintes amères; toute la bourgeoisie de cette ville se croyant offensée, prit alors fait et cause. Edouard fut ajourné au parlement de Paris par un huissier, à qui, dans sa colère, il fit avaler les sceaux de sa commission, et qu'il jeta dans les fossés de son château de Pouilly-le-Châtel (*Il*

---

(1) *Manuscrit sur le Beaujolais*, sans aucun nom d'auteur.

paraît que déjà dans ce temps-là les huissiers avaient de certains pour boire.)

Après cela, il fut emmené prisonnier à Paris, et contraint, pour en sortir, de laisser ses terres au duc Louis de Bourbon, deuxième du nom, son cousin germain, et l'une de ses seigneuries, celle de Reneins, confisquée et adjugée au sieur de la Bessée, pour réparation du rapt de sa fille.

Avant la révolution, on admirait, à l'église de Villefranche, des vitraux représentant Édouard II jouant aux échecs avec la demoiselle de la Bessée. Aujourd'hui, Pouilly-le-Chatel a perdu ses anciens maîtres; il s'en console, car, à cette époque, les habitants de ce village ne foulaient pas avec le même orgueil la terre comme aujourd'hui; car, d'esclaves qu'ils furent, ils sont devenus libres, et cette terre, travaillée avec ardeur et intelligence, produit en abondance. Il est vrai de dire que le sol est en grande partie consacré à la culture de la vigne. Aussi, la plupart des habitants jouissent d'une heureuse aisance.

QUINCIEUX ET SES HAMEAUX.

Quincieux et ses hameaux, c'est-à-dire, Bully-le-Vieux, Bully-le-jeune, la Chapelle, Vessieux et Port-Maçon, occupent une assez grande étendue de territoire. Il faisait, avant la première révolution, partie de l'archiprêtré d'Anse ; aujourd'hui, c'est une des nombreuses communes du canton de Neuville. Plusieurs fois des démarches ont été faites pour la réunir à celui d'Anse, dont elle est plus rapprochée. Cette mesure semble assez désirable sous tous les rapports.

Quincieux est très ancien ; ce qui le prouve, ce sont les débris des temps reculés que l'on rencontre lorsqu'on fouille la terre où tant de combats furent livrés (*voir au commencement de cet ouvrage, pages* 34 *et* 35.)

Ce qu'il y a de certain, c'est que saint Thomas persécuté par le roi d'Angleterre se réfugia en France, où il reçut de la part de l'archevêché de Lyon une généreuse hospitalité ; car il obtint entr'autre, en pur don, le domaine de

Quincieux et ses dépendances, comme le prouve ce passage d'un livre qui est entre les mains de chaque prêtre (le bréviaire) : *Venit posteà Lugdunum ; ubi ab omnibus honorentificissimè exceptus est. Præcipuè verò ab archiprætale et à capitulo, à quibus domum in claustro, villamque dictam aulam de Quinciaco in donum accepit.* Voir aussi les pages 67 et 68.

Le dernier seigneur de ce village, fut M. le comte de Baglion, ancien capitaine des gardes françaises, chevalier de l'ordre royal et militaire de Saint-Louis.

L'église de Quincieux quoique restaurée et agrandie à plusieurs époques, est néanmoins aujourd'hui trop petite pour contenir le nombre des fidèles qui s'y pressent les jours de fête.

Vessieux, Bully-le-Vieux, Bully-le-Jeune, la Chapelle et Port-Maçon, sont des hameaux placés à une faible distance les uns des autres. Comme Quincieux, ils occupent un territoire très productif, car il est presque tout formé de terreins d'alluvion. Quoique la principale récolte soit en blés, depuis quelques années surtout, on a planté une assez grande quantité de vignes. Il est vrai que le vin n'est pas des meilleurs ; mais aujourd'hui l'on tient plus à la quantité qu'à la qualité.

Les habitants de cette commune jouissent, pour la plupart, d'une honnête aisance. Il est rare que toutes les récoltes manquent simultanément.

A l'époque des moissons, un assez grand nombre d'habitants de la côte, où l'on cultive presqu'exclusivement la vigne, descendent dans la plaine de Quincieux : et, pendant moins d'un mois d'un travail assidu, trouvent là, le blé nécessaire à leur subsistance.

THEIZÉ.

SES HAMEAUX, SA CHAPELLE, SAINT-HIPPOLYTE, DEUX MOTS SUR OINGT.

Theizé, village très important, est perché sur une montagne élevée. Ses hameaux sont : Ruissel, Cruix et Boitier. Près de ce dernier, existe une chapelle, consacrée à saint Hippolyte, placée au milieu d'un petit bois, non loin de la petite rivière de Merloup.

On lit dans un manuscrit du XIVe siècle intitulé : *Recherches sur le Lyonnais et ses antiquités*, sans nom d'auteur : « Que les Sarrazins, repoussés par Charles Martel, se jetèrent dans la Gaule lyonnaise, habitée par les Francs Chevelus, où ils commirent les plus grands désastres, pillant, brûlant tout sur leur passage, furent enfin arrêtés et taillés en pièces par le courage des habitants de cette contrée, dans un lieu nommé Hurlant, appelé de nos jours, sans doute par corruption, *Bourland*. En mémoire de cet évènement mémorable, ils érigèrent une chapelle en l'honneur de saint Hippolyte. »

Cette chapelle fut, pendant un long espace de temps, la seule qui existât alors : et comme il s'y fit plusieurs miracles, par l'intercession du glorieux saint, on y venait même de très loin en pèlerinage.

Voici une anecdote que les habitants racontent avec le plus grand flegme : *Un beau jour les habitants de Frontenas désirant posséder la statue de saint Hippolyte la firent enlever ; mais, au moment de passer la petite rivière de Beauvalon, saint Hippolyte sortit de dessus les épaules de celui qui le portait, et se rendit en toute hâte à la chapelle. Ce voyant, les Frontenais renoncèrent à leur projet.*

Enfin, les guerres et la peste ayant décimé ces contrées, la chapelle pour ainsi dire abandonnée, tomba en ruines ; elle fut réédifiée en 1662, comme le prouve une inscription placée au dessus de la porte d'entrée, présentant les initiales C. M., attribuées à Claude Meyssonnier.

A Boitier, on ne peut contempler sans une vive et profonde émotion le château de la Platière, la propriété du ministre de 1790, qui naquit à Theizé en août 1742, dont tout le monde connait la fin tragique, ainsi que celle de sa sublime femme, dont le nom ne s'effacera jamais de la mémoire des hommes.

Ce château appartient aujourd'hui à M. de

Champagneux, qui a épousé la fille de cette illustre et infortunée famille.

D'autres châteaux existent encore : entr'autre celui qui fut élevé par le célèbre Brossette, l'académicien, où séjourna le fameux Boileau en 1696, comme le rappelle une inscription qu'on remarque à Beauvalon, sur la pierre d'une fontaine.

Ce village possède, de nos jours, les descendants de l'illustre commentateur des œuvres de Boileau.

On voit encore très bien conservé le château qui appartint à M. de Rochebonne, le gendre de la célèbre madame de Sévigné.

Si notre mémoire ne nous trompe pas, nous nous rappelons avoir lu une lettre de madame de Sévigné, adressée à madame de Grignan, commençant par ces mots : « Je vous écris d'un chien de village, à cinq lieues de Lyon. » Est-ce de Theizé, ou de tout autre que la célèbre femme-auteur a voulu parler ? nous l'ignorons. Cependant, ce qu'il y a de certain, c'est qu'elle était alors dans ces parages.

Theizé dépendait avant la première révolution de la vicomté d'Oingt : Oingt, qui fut une antique cité et qui, n'est plus aujourd'hui qu'un petit village.

Impossible de rien voir de plus pittoresque, que ce qui reste encore de son ancienne splen-

14

deur. D'abord, c'est une tour qui s'aperçoit de très loin et servait jadis de cachot ; puis encore quelques pans de murailles du vieux manoir féodal. Mais, ce qui est surtout bien conservé, c'est l'église perchée, comme un nid d'aigle, sur le sommet d'une montagne ; dominant, comme une bonne mère, toutes les contrées d'alentour. Son clocher, surmonté d'un toit ressemblant de loin à un pavillon chinois, produit l'effet le plus gracieux. On remarque encore, de cette ville célèbre du moyen-âge, deux portes assez bien conservées.

Dans le paganisme, la forêt d'Oingt était dédiée à Diane, et on ne pouvait en brûler le bois, que sur l'autel de cette déesse.

VILLEFRANCHE,

L'ÉGLISE DE NOTRE-DAME-DES-MARAIS, LE COUVENT DES CORDELIERS, LES CHEVALIERS DE L'ARC ET LE COLLÉGE.

Dans le XII.e siècle, Villefranche n'était pas très peuplé ; et, où l'on remarque aujourd'hui une très belle église, existait seulement une simple chapelle. Voici en quels termes, la tradition rapporte l'origine de l'église paroissiale de Notre-Dame-des-Marais (mais quel monument remarquable est exempt du merveilleux) :

« Des pastres et des bergers, menant un jour
» paistre leurs troupeaux, virent ces bestiaux
» se courber et se prosterner en terre ; éton-
» nés de cet évènement, ces pastres s'approchè-
» rent, les frappant pour les faire sortir de ces
» lieux, mais sans pouvoir les faire bouger ; ils
» s'approchèrent du maretz et cherchant parmi
» les roseaux, y trouvèrent une statue de la très
» sainte Vierge. Ils en advertissent le curé et les
» principaux habitants ; on visite le lieu et l'on
» trouve que le rapport des bergers est véridique.
» Tous ensemble vinrent en procession prendre

» cette image avec tout le respect et les senti-
» ments que méritait une action si sainte, et la
» portèrent dans l'église de Sainte-Madeleine,
» la reposant dans un endroit décent ; mais la
» statue ne se trouva plus. Le curé et les habi-
» tants vont la chercher dans le maretz, et la
» trouvent à la même place, que le jour de de-
» vant. Alors, ce second miracle leur faisant
» connaître que ce lieu était destiné de la sainte
» Vierge, ils y élevèrent une chapelle qu'on ap-
» pela la chapelle de Notre-Dame-des-Maretz (1). »

Mais, la population de cette ville (grâce à ses nombreux privilèges) s'étant beaucoup augmentée, la chapelle devint église. C'est le titre dont la décorent les anciens historiens qui en font mention.

Elle n'a point été achevée dans le même siècle. La nef, le chœur et ses deux chapelles, semblent dater de la seconde période de l'ère ogivale, tandis que les autres parties de cet édifice, c'est-à-dire la principale façade, le clocher et les chapelles latérales placées aux bas côtés de la nef, sont de la troisième et dernière période. Cependant, le plan général en est assez régulier.

Plusieurs hauts personnages concoururent par leur libéralité à élever ce monument, un des

---

(1) Voir le Mémoire contenant ce qu'il y a de plus remarquable à Villefranche en Beaujolais. *Ant. Baudrand, imprimeur*, 1671.

plus beaux et des plus gracieux de cette province.

A l'extérieur, ce qui surtout, est d'un effet bien imposant : c'est cette teinte sombre et vénérable, que la vétusté lui a si bien imprimée. Il n'en est pas de même à l'intérieur : car, on n'y voit que trop, les badigeonnages dont on l'a impitoyablement savonnée. C'est ainsi que, les révolutions et *certains Vandales*, lui ont fait subir plus d'un outrage. Combien de fois n'ont-ils pas déchiré son riche ornement de sculpture et de ciselure ?

Néanmoins, telle qu'elle est, elle se recommande encore à l'admiration des hommes par de grandes beautés.

Elle a la forme d'une croix : le chœur est à l'est, et les portes, au nombre de trois, regardent l'occident.

Avant 1793, on y voyait (mieux que de nos jours) dans beaucoup d'endroits, la devise de l'illustre maison de Bourbon : *Espérance*, avec quantité de chardons et un chiffre entrelacé d'un P., d'un S. et d'un A. Ce chiffre signifie : Pierre de Bourbon, Suzanne de Bourbon et Anne de France.

Pierre de Bourbon, Sire de Beaujeu, épousa Anne de France. Lorsque celle-ci lui fut présentée : il fit, nous dit-on, un espèce de calembourg. — *Ah! cher don* (carum donum), *vous voilà*. — *Ah!*

chardon vous voilà. On ne manqua pas d'applaudir vivement ; il fut trouvé si *excellent* et de si *bon goût*, qu'en souvenir on sculpta sur cette église, une incroyable profusion de chardons.

Disons aussi que l'Ordre de Bourbon, ou de Notre-Dame du Chardon, eut pour instituteur et premier chef, Louis II, alors duc de Bourbon, qui donna les premiers colliers de cet Ordre dans l'église de Moulins. Le mot *espérance* s'y voyait au bout du collier, une image de la Vierge et une tête de chardon émaillée de vert [1].

En 1432, le nombre des fidèles s'étant beaucoup augmenté, le curé de Villefranche intenta un procès à un sieur Corsin, possesseur d'un terrein entourant l'église. Le curé en réclamait pour y élever des chapelles, *huit pieds d'hommes en largeur et suivant la longueur*. Corsin s'y refusa d'abord ; car, en vertu d'une sauve-garde émanée de la cour de Saint-Just de Lyon, il se crut en droit de le fermer devant et derrière, en permettant l'accès seulement, les jours de processions. Néanmoins, le 20 janvier de l'année 1433, des arbitres furent nommés. Corsin abandonna une portion de son terrein, à la condition expresse que, ni lui ni les siens ne seraient plus inquiétés à l'avenir.

---

[1] *Aperçu historique sur les premiers descendants de saint Louis*, par l'abbé du Rosier.

En 1475, Jean de Bourbon, contribua beaucoup par ses libéralités à l'embellissement de cet édifice.

Le 4 février 1499, Pierre de Bourbon, Sire de Beaujeu, étant à Moulins, donna 1,200 livres pour élever le grand portail. Somme qui, à cette époque, était sans doute très élevée.

Dans une histoire sur le Beaujolais, précieux manuscrit attribué à Pierre Louvet, on y lit ces mots :

« Les échevins désirant avoir une église magnifique, présentèrent une requête à Son Altesse Royale Pierre duc du Bourbonnais, baron du Beaujolais. Ils achetèrent une maison appartenant à un nommé Mazoyer, ainsi qu'un emplacement où les habitants voulaient élever le clocher. Comme cette maison était de la censive de Mgr le duc, de 7 sous 6 deniers viennois par an ; et qu'ils devaient vingt-cinq livres de laods pour l'achat de la maison, Son Altesse concéda ladite somme, et amortit à perpétuité la censive qui lui revenait par des lettres-patentes, données à Villefranche, le 26 mars 1499. »

En 1526, Anne de France et Louise de Savoie, mère de François Ier, concédèrent aussi des sommes d'argent pour les réparations de cette église.

Dans un manuscrit de Claude Faure ancien procureur et secrétaire de cette ville, on voit que, les ouvriers travaillaient alors pour six deniers par jour ; et le maître ouvrier, qui passait sans doute pour un aristocrate financier, gagnait trois sous.

A cette époque, il était facile de se procurer un grand nombre d'ouvriers et à bon marché ; il suffisait seulement qu'un prélat donnât sa bénédiction, pour en faire surgir des milliers, qui, offraient leurs bras lorsqu'il s'agissait d'élever un temple chrétien. C'était toujours au milieu du plus grand recueillement que s'exécutaient de semblables travaux.

On rapporte que : « pendant la nuit, des cierges allumés étaient placés autour de l'édifice en construction ; et, on chantait les louanges de Dieu ! » Ce n'est pas étonnant, si la plupart des constructions de ce temps là, portent dans leur conception et leur ensemble, ce caractère d'unité et de grandeur que leur imprimait la piété ardente de leurs constructeurs.

Ainsi cette église fut élevée et presque refaite à neuf, dans les premières années du règne de Louis XII.

La principale façade chargée de décorations les plus caractéristiques du style ogival, est admirablement belle ! Quelle élégante et riche sculpture ! Quelle profusion d'ornements ! Toutes les niches, les encadrements sont fouillés, ciselés avec la plus grande délicatesse. On ne voit partout que chardons, feuillages frisés, saints, anges, divers personnages, des monstres en caricature, dont quelques-uns expriment une incroyable bonhomie de mœurs des temps anciens.

C'est là surtout, où on peut contempler l'habile et élégante disposition des contre-forts et arcs-boutants, surmontés de pyramides et de clochetons déguisant le corps de l'édifice ; et, donnant ainsi le caractère d'ornement à ces moyens de solidité.

En 1793, cette façade était aussi surmontée d'une statue, représentant le Père Eternel. Mais dans ces moments de terreur elle fut (de même qu'un très grand nombre d'autres statues ornant les niches de ce riche portail), renversée, mutilée et enterrée au pied de l'arbre de la liberté ! Il n'y a pas encore bien des années, qu'on a entrepris des embellissements qui contrastent d'une manière désagréable avec les autres parties de cet édifice.

On replaça une statue qui, s'il m'est permis de m'exprimer de la sorte, produit l'effet d'un morceau de drap rouge, sur un bel habit noir. Son peu de solidité n'est-elle pas aussi un juste sujet d'effroi pour les habitants de cette ville ? On a de la peine à comprendre pourquoi et comment, on souffre plus longtemps un tel état de choses. Qui ignore qu'une certaine partie s'en est déjà détachée ? ce n'est donc pas une crainte chimérique qui ne doit point être prise en considération. Qu'attend-on pour agir? qu'il arrive un malheur sans doute.

Néanmoins, telle qu'elle est, cette délicieuse façade ferait envie à plus d'une cathédrale.

Le clocher que l'on voit aujourd'hui, était autrefois bien autrement remarquable avec sa flèche octogone, découpée à jour, s'élançant dans les cieux; couverte d'ardoise façonnée, les angles garnis en plaque de plomb, d'où était tirée une multitude de chardons avec leurs tiges, feuilles et fleurs de même étoffe. Elle avait trois galeries qui s'entr'ouvraient l'une sur l'autre; c'était une merveille. On voit dans un ancien manuscrit : « Qu'elle était la plus belle qui fût en Europe, et, qu'on y avait employé pour la couvrir, trente-deux mille huit cent livres de plomb. »

Elle contenait une très belle sonnerie : en dedans et à la partie supérieure, appelée l'*esguille*, était suspendue une cloche. On ne la sonnait que pour détourner l'orage, et dans les très grandes solennités (1). C'était (en se servant des expressions de Victor Hugo) la plus belle voix qui *chanta dans cette flûte de pierre*, haute de plus

---

(1) Cette funeste habitude qui, doit souvent attirer la foudre, existe néanmoins dans plusieurs *villes* et villages de cette contrée. On dit que si on ne sonnait pas, les gens de la campagne penseraient que leurs curés ne disent pas la Passion.

de trois cents pieds. Dans les parties inférieures, six autres cloches existaient encore, formant un véritable orchestre aérien, dont les joyeux carillons égayaient au loin la contrée.

En 1566, le feu détruisit la flèche, et fondit avec le plomb les sept cloches qui y étaient renfermées.

On accusa un ouvrier huguenot de Rouen qui la recouvrait ; cependant, on n'a jamais su d'une manière très précise, comment ce malheur arriva. Les uns, supposent qu'il fût le résultat d'un complot formé par des ouvriers serruriers étrangers à cette ville ; suivant d'autres, l'ouvrier rouennais, après avoir réuni le plomb et les autres matières qu'il devait faire fondre, descendit du clocher, et oublia ainsi trop longtemps sa préparation laissée sur le feu. Mais, il ne fut pas plutôt remonté, qu'il vit avec effroi la flamme gagner déjà partout la charpente de l'édifice ; ne pouvant rien contre un semblable fléau, éperdu, il redescendit et s'enfuit au plus vîte.

On aperçut bientôt une épaisse fumée sortir par toutes les ouvertures, puis, la flamme s'élever jusques aux cieux. L'allarme devint à l'instant générale ; mais, pour éteindre un tel incendie, tous les efforts étaient inutiles. Le feu se communiqua avec une si grande rapidité, qu'en moins d'une demi-heure, le clocher fût entièrement dévoré par les flammes.

On regarda comme un grand miracle, qu'il n'y eut pas d'autres malheurs à déplorer; car, une pluie de feu et de plomb fondu, tombait sur l'église et même sur plusieurs maisons de la ville. La flèche si élevée qu'elle fût, n'occasionna en tombant aucun dégât. Cette chute se fit en trois fois.

Chacun croyait que l'ouvrier avait été enveloppé dans les flammes; sa mort paraissait donc certaine. Mais, apprenant bientôt qu'il avait pris la fuite, la fureur du peuple devint terrible. Ce malheureux ne fut pas plutôt atteint (les uns disent près de Liergues, les autres près des Roches) que, conduit à la ville, il fût à l'instant même brûlé sur le parvis de l'église, avec les tisons et les débris de la flèche encore enflammés.

Quelque temps après, il fut néanmoins jugé pour crime d'hérésie, sans doute, afin de trouver un prétexte, et excuser la trop grande colère de la populace mutinée (1).

Le clocher depuis lors resté veuf de sa magnifique flèche, ne domine que de très peu le frontispice. Il est carré, percé à sa partie supérieure de huit fenêtres, c'est-à-dire deux de chaque côté. Ce clocher, dont le style nécessiterait une aiguille, présente encore les marques du terrible incendie de 1566. Aux angles, on distingue des gargouilles représentant des monstres.

(1) Le Père Fodéré rapporte que cet homme était innocent.

Il renferme quatre cloches, une seule est ancienne : elle fut donnée par M. Laurent Bottu de la Barmondière au célèbre couvent des Cordeliers de Villefranche, le premier qui exista en France. Quoique plus petite, elle se distingue par un son perçant et argentin qui s'entend de très loin.

Les trois autres sonnèrent la première fois, pour le service funéraire du duc de Berry, dont la mort fut si tragique.

Sur le chœur de l'église se voit un clocher, moins élevé que le précédent. On y remarque principalement de beaux faisceaux de colonnes qui en séparent les fenêtres.

La façade tournée au midi est en grande partie voilée par un pâté de maisons ; celle du nord donne sur une rue étroite. Au-dessus des chapelles, on voit des monstres qui servent de gouttière, offrant des figures bizarres qui pourraient faire supposer de la part des artistes de ce temps-là, une certaine débauche d'esprit... A ce sujet, M. Peyré, dans son très estimable ouvrage sur *l'architecture religieuse au moyen-âge*, s'exprime ainsi : « Dans les XIVe et XVe siècles, on voit des moines mêlés à des figures satyriques et des allusions malicieuses, souvent empreintes d'obscénités. » C'était un tribut aux idées du temps, et une sorte de liberté de la presse, laissée aux *ouvriers libres*, dans ces temps de naïveté.

Quoiqu'il en soit, tous ces animaux, ces monstres accolés à cet édifice, sont d'un travail si parfait, qu'on ne peut se lasser de les admirer. On doit regretter que plusieurs aient été mutilés, longtemps même avant nos troubles révolutionnaires ; un surtout, qui représentait, dit l'histoire, un grand personnage dont les oreilles étaient longues, comme celles d'un roussin d'Arcadie.

A la partie extérieure du mur de la chapelle, et sous la corniche tournée au nord-est, on admire un chef-d'œuvre de sculpture si bien ciselé, découpé avec tant de délicatesse, qu'il est impossible de rien voir de plus parfait. Les animaux qui, se jouent à travers ces riches sculptures, sont même si bien faits, qu'ils semblent être animés.

Il y a deux marches pour descendre dans cette église. Avant la révolution, trente-une chapelles magnifiquement ornées, s'y faisaient remarquer. Mais, ce qui attire vivement l'attention, c'est sa voûte. Aussi, Pierre Louvet dit encore : « Cette église est une des plus industrieusement voûtée qui soit en France ; car, chaque clef de voûte est d'une particulière sculpture. »

En effet, elle est formée de six arcades présentant un nombre infini de nervures qui s'entrelacent les unes dans les autres, et se terminent par des écussons.

La grande nef est séparée du chœur par un trans-sept ; de chaque côté les nefs latérales se prolongent jusqu'au delà du trans-sept s'arrêtant à la courbure de l'abside.

Le long des bas côtés de la nef, de même qu'aux bas côtés du chœur, sont placées les chapelles.

L'intérieur de cette église est éclairé par un grand nombre de fenêtres de différentes dimensions : quoique pour plusieurs, des vitres blanches aient remplacé à diverses époques, de beaux vitraux gothiques, il en reste encore assez pour les admirer. La plupart sont ornés de figures, représentant un grand nombre de sujets de l'ancien et du nouveau testament. Dans les parties circulaires en forme de rose, on voit divers personnages, les bienfaiteurs de cette église : çà et là, des légendes, des mythes, des traditions, des détails pleins de charme sur les mœurs et coutumes de nos pieux ancêtres ; le tout avec des ornements de la plus grande élégance.

Ceux qui éclairent la chapelle du Sacré-Cœur, au nord, furent jadis donnés par un duc de Montpensier, car on y lit ces mots : DVC DE MONTPENS* A FAICT DEON. On y admire saint Laurent, habillé en diacre, tenant la palme du martyre ; sainte Anne enseignant à lire à Marie, enfant de prédilection, avec ces mots : LABIA DOLOSA. Si nous comprenons bien, cela signifie : *méfiez-vous des tartuffes*. Puis, saint Christophe portant sur ses robustes épaules le Sauveur du monde. On le voit au milieu des eaux du torrent qui semblent s'élever, pour l'engloutir avec son précieux fardeau. Rien n'est plus beau que la figure de ce saint telle qu'elle est ici représentée, respirant la plus grande bonté, au moment où, suivant la légende, il dit : *Enfant, pourquoi te fais-tu si lourd, il me semble que je porte le monde? Non seulement tu portes le monde,* lui répond l'enfant, *mais celui qui a fait le monde.*

Enfin on y voit encore saint Louis, roi de France ; mais la révolution de juillet, qu'on appelle une révolution *à l'eau de rose,* a été cause, nous dit-on, des dégradations que l'on a fait subir à l'image de ce saint roi ; on a alors supprimé les fleurs-de-lis parsemées sur son magnifique manteau doublé d'hermine. Il y a à peine trois ans, qu'en voulant faire quelques réparations, on y a encore commis de grands dégâts, car la tête ainsi que le bras du côté gauche, ont été remplacés par des vitres dont les couleurs choquent la vue.

Au bas de ces vitraux, on remarque l'inscription suivante :

FACTE PAR PAVL DE BOVLLONONE EN MAI 1600.

Ces vitraux joigent à l'éclat et à la vivacité métallique les plus belles couleurs, et la somptuosité des costumes si recherché du temps de François Ier.

Aussi, rien n'est plus ravissant que ce jour

mystérieux, ce jour aux couleurs qu'on ne peut rendre, pénétrant à travers ces magiques vitraux !

Avant nos troubles révolutionnaires, on y voyait représenté Edouard II jouant aux échecs avec la demoiselle de la Bessée ; c'est lui qui fut le dernier baron de Beaujeu. L'histoire rapporte qu'il enleva la fille de Guionnet de la Bessée, riche bourgeois de Villefranche (1).

Louis XIV passant à Villefranche le 23 novembre 1658, trouva l'église belle et les vitraux attirèrent principalement son attention (2).

Ce jour, la Grande Rue était encombrée de carrosses, une foule nombreuse garnissait le devant du portail, une société brillante remplissait l'église. Figurez-vous les riches ornements du maître-autel, les chandeliers d'argent (jadis

---

(1) On assure que ces vitraux ornent la demeure d'un riche propriétaire, habitant cette contrée.
Voir aussi à l'article Pouilly-le-Châtel.

(1) « Le grand roi, dit une notice historique, la reine, M. le duc d'Anjou, le cardinal de Mazarin et M.lle d'Orléans, ont passé en cette ville de Villefranche, le 23 novembre 1658, et sont partis le lendemain pour aller à Lyon. Le roi était logé chez M. de Mignot, lieutenant-général de la ville ; la reine et M. le duc d'Anjou, chez M.lle Deschamps à la porte de Belleville ; M. le cardinal, chez M.lle Bessie proche l'église ; M.lle d'Orléans, chez M. Dusaubjet proche l'église. M. le duc d'Anjou et Mademoiselle, furent parrain et marraine d'un fils de M. Juif, bailly du Beaujolais. Le baptême fut fait en la grande église, où le roi entendit la messe. Le cardinal et la reine en entendirent une à Sainte-Marie, où le roi les alla prendre et partit à l'instant même. »

donnés par Louise de Savoie) chef-d'œuvre de ciselure, leurs cierges à la flamme d'or ; les auréoles et les nimbes des saints tout rayonnant d'un éclat éblouissant et mystique ; ajoutez à cela la présence de Louis-le-Grand. Non, jamais ce temple n'a brillé de tant d'éclat qu'en ce jour, lorsqu'aux pieds du Roi des Rois, du Dieu trois fois saint, était agenouillé le plus grand potentat de la terre.

Enfin un ancien curé, M. G..., croyant sans doute bien agir, remplaça par de froides vitres blanches, un assez grand nombre de vitraux peints par le célèbre Paul de Boullonone ; ils furent ainsi cédés à un M. de C... de Ch...., et à un autre amateur de Lyon. Le brave curé disait après avoir fait ce marché : *Quel bonheur ! au moins, mes chers paroissiens n'attraperont plus des coups d'air dans mon église ; car j'ai trouvé des personnes qui vont y rémédier, et le jour pourra mieux pénétrer à travers ces vitres blanches....*

A l'intérieur et au-dessus de la principale porte d'entrée, est un buffet d'orgue, qui ajoute beaucoup à la pompe et à l'éclat des cérémonies du culte. Il est cependant moins remarquable que celui qui existait avant les guerres de religion.

Ce nouveau jeu d'orgue fut obtenu par M. Donnet, quelques années après 1830, époque où il était encore curé à Villefranche. Il contribua autant qu'il était en lui à l'embellissement de cette église. C'est à la tête de cette paroisse, où il se distingua par tant de mérite et d'habileté, qu'il s'est frayé le chemin qui l'a conduit au poste éminent qu'il occupe aujourd'hui, comme archevêque de Bordeaux, successeur du digne et vertueux cardinal de Cheverus.

Le Couvent des Cordeliers.

Ce qui rend vénérable l'antiquité du couvent des Cordeliers de Villefranche, c'est qu'il fut le premier de l'ordre de saint François, établi en France. Aussi, on lisait au-dessus de la principale porte d'entrée, ces vers :

> Sache, ô passant qui que tu sois,
> Qu'en ce lieu saint et solitaire,
> Tu vois le premier monastère
> Qu'on fit en France à saint François.

Guichard III, Sire de Beaujeu, revenant d'une ambassade de Constantinople où le roi Philippe II l'avait envoyé, s'arrêta à Assise, afin de contempler saint François, dont la réputation de sainteté remplissait alors le monde, et pour lui demander plusieurs de ses religieux, promettant qu'il les fixerait sur ses terres et leur élèverait un cloître. Le saint connaissait les nobles sentiments dont était animé le pieux prince de Beaujeu ; il n'hésita pas à lui confier six de ses disciples. Guichard accompagné de ces saints personnages, rentra dans sa principauté, au mois d'octobre 1210.

Il logea d'abord ces bons religieux dans son

château de Pouilly-le-Châtel, résidence ordinaire des Sires de Beaujeu. Il est certain que, pendant les neuf ans qu'ils y restèrent, ils éprouvèrent plusieurs contrariétés. Ils furent enfin installés dans le château de Minoret (d'où peut-être les frères Mineurs tirent leur nom) vaste, commode, ceint de hautes murailles flanquées de tours, et possédant une très jolie église.

Ce couvent occupait l'emplacement où on remarque aujourd'hui la Sous-Préfecture, la Prison et le Tribunal civil de Villefranche. L'église fut seulement démolie en l'année 1811 ; elle avait été embellie et ornée par les libéralités de l'illustre maison de Beaujeu, et construite de même que presque tous les édifices de ce genre, qui furent élevée dans le treizième siècle, c'est-à-dire avec goût et élégance. Au côté droit du grand autel, on remarquait une chapelle nommée Notre-Dame-des-Bonnes-Nouvelles, fondée et dotée par les ducs de Monpensier. Tous les dimanches, à huit heures, on y célébrait une messe appelée la messe des princes. Une autre chapelle très bien décorée, placée au bas de l'église et dédiée à la Vierge Marie, était en grande dévotion pour l'heureuse délivrance des femmes enceintes (1).

(1) Voir Guichenon dans son *Histoire de Savoie*, où il raconte plusieurs particularités touchant l'église des Cordeliers de Villefranche.

Plusieurs hauts personnages y furent enterrés, entr'autres Eléonore de Savoie, mariée à Louis seigneur de Beaujeu, connétable de France, et ses quatre fils, Humbert comte de Lyon, Thomas et Louis, jeunes seigneurs qui moururent à Paris en 1300; le quatrième aussi comte et précenteur de l'église de Lyon, ensuite évêque de Bayeux où il mourut en 1337. Lorsqu'en 1811, on démolit l'église pour élever le parquet du tribunal et la prison, on y voyait encore une figure peinte à fresque, que l'on disait être celle représentant les traits de la princesse Eléonore, entourée de plusieurs écussons de la royale maison de Savoie. Une autre tombe, non moins remarquable, était celle du fameux Louis de Beaujeu qui, au rapport de l'historien Sévert, fut excommunié pour avoir eu l'audace, lui simple chanoine et archidiacre de la cathédrale de Troyes, d'attaquer, piller et détenir prisonnier le légat du pape en France, son éminence le cardinal Talleyrand de Périgord (1).

Passons sous silence cette aventure vraiment singulière, pleine de sarcasmes contre la femme, racontée par plusieurs historiens. Nous voulons parler de cet évènement qui jeta l'épouvante dans l'imagination du pauvre sacristain de ce couvent.

(1) Ce dernier fait est aussi rapporté dans *l'Album du Lyonnais* (1840) par M. Beuf, de Limas; qui, comme historien, a si savamment exploré l'ancien Beaujolais.

Quoi qu'il en soit, il fut regardé dans ces temps de naïveté, comme un grand miracle, une vision céleste suscitée par Dieu pour l'instruction de tous les ordres religieux (1).

Parmi les tombeaux de ces grands personnages, on remarquait encore ceux de plusieurs religieux de l'ordre de saint François, qui se distinguèrent par leurs talents et leurs vertus : celui surtout de l'illustre frère de Rochetailla, dont il sera question plus bas. Mais le 10 janvier de l'année 1584, les eaux firent de grands ravages ; tous les affluents qui se jettent dans la Saône se débordèrent tout-à-coup, à tel point que la Saône, qui sort si lentement, grossit beaucoup en quelques heures. Le Morgon occasionna de grands dégâts ; toutes les dépouilles mortelles, renfermées dans l'église des Cordeliers, furent entièrement bouleversées, comme nous l'apprend Fodéré dans son *Histoire des couvents de l'ordre de saint François*, fol. 322 : « Vray est que l'an 1584, le 10 januier fut une si grande inondation, que l'eau estant par tout le couvent si haute qu'il falloit faire le divin seruice au dortoir, sans que l'on peut descendre à l'église, ny aux officines de ladite maison lesdictes tombes furent boulversées par l'eau qui les avait minè : ce qui fut cause que l'on tira les testes et

---

(1) Voir *l'histoire de Villefranche*.

ossements de ces Beats, et ils furent transportés en un autre endroict. »

L'illustre Cordelier, frère Jean de Rochetailla, d'une noble origine, d'un profond savoir et doué de toutes les vertus. Il combattit l'esprit de domination, l'amour déréglé des honneurs et des richesses, qui s'étaient déjà de son temps, introduits dans l'église. Mais laissons parler le commentateur de sa vie :

« Il faisait un grand profit à la vigne de Dieu. Il prévoyait que l'orgueil et grand luxe de plusieurs prélats ecclésiastiques seraient cause que l'ire du Seigneur par trop irritée, affligerait l'église. Preschant contre tel abus, vsoit d'un gentil apologue, et disait qu'un oyseau était jadis descendu du ciel, si beau, si doux et si humble, que tous les autres oyseaux y accoururent pour le voir, et le trouvant tout desnué de plumes, qui estoit cause qu'il n'avait moyen de voler et de s'élever de terre, en ayant pitié se tiroyent à l'envy l'vn de l'autre, chascun leurs plus belles plumes et le revestirent si magnifiquement, qu'il se trouva le plus et le mieux emplumé. Alors se regardant et glorifiant en ceste pompe, méprisoit et de plus maltraitoit à grands coups de bec et d'ongles les autres oyseaux ses bienfacteurs, lesquels ne pouuant supporter telle ingratitude, répétèrent chascun sa chascune et reprendre leurs plumes, laissant cet oyseau tout nud, comme il étoit venu. » Ne dirait-on pas que ce zélé et courageux prédicateur prédisait dans le XVe siècle, la révolution de 1789 ?

Cet apologue ressemble aussi beaucoup à la fable de Lafontaine du *geai paré des plumes du paon*. On le retrouve aussi dans les œuvres du Dante.

Le haut clergé si directement attaqué par le frère de Rochetailla, fut sur le point de s'en plaindre au Saint-Père, le pape résidant alors à Avignon. Mais prenant en considération sa grande sainteté, sa science profonde et sa noble origine, les prélats supportèrent en silence ses admonestations, quoique un peu vives (1).

Le frère Antoine Fradin, auquel Villefranche donna naissance, fut non moins célèbre que le précédent. Il s'acquit par ses talents oratoires une telle réputation, qu'elle faillit lui devenir funeste; doué d'un génie peu commun, il possédait au suprême degré cette éloquence noble, persuasive, qui pénètre l'âme et y laisse une impression profonde (2).

Prêchant à Paris en 1475, il fit des exhortations si touchantes, parla avec tant de har-

(1) Voir Paradin, livre II, chapitre 86, et Fodéré, page 319.

(2) On nous a assuré qu'il existait autrefois, à Villefranche, une impasse qui rappelait le nom de cet homme vraiment extraordinaire.

diesse contre les débordements du siècle, et de certains abus qui régnaient alors, qu'il opéra des conversions éclatantes ; car même, au rapport de Daniel et de plusieurs autres historiens, des femmes perdues de mœurs renoncèrent à leur vie scandaleuse pour se renfermer dans des cloîtres. Emporté par son grand zèle, il ne craignit point d'attaquer les hommes qui étaient alors les plus puissants, même ceux qui entouraient Louis XI. Aussi, les chroniques du temps disent en parlant de ce hardi prédicateur : « Si blasma tous les estats, et si prêcha de l'indigne entourage du roy, qui estoit mal servi, qu'il avoit des serviteurs qui éstoient traîtres qui le détruirait et le royaume aussy. » Louis XI vivement excité contre le Cordelier, qui, dans un sermon, avait signalé d'une manière très directe Pierre Coictier, son médecin ; Olivier le diable, dit autrement le daim, dont le vrai nom était Olivier le mauvais, son barbier, qu'il fit comte de Longueville. Jean de Dojat, gouverneur d'Auvergne, envoya Olivier le daim pour lui enjoindre de sortir de Paris dans le plus bref délai. Mais le peuple se prononça fortement en faveur du célèbre prédicateur, s'attroupa devant la porte du couvent des Cordeliers, poussa des cris, fit entendre de terribles menaces, en un mot, tout Paris fut en grand émoi. Voici comment Philippe de Commines, rend compte de cet évènement : « Plusieurs femmes alloient de nuit et de jour, armées de pierres, couteaux, mille et autres ferrements et batons, pour frapper ceulx qui lui voudroient nuire et empescher sa prédication, et lui cryoient qu'il n'eust point de paour, qu'ils mourroient tous avant qu'esclandre lui advinct. » Le désordre allait toujours croissant ; c'est pour cela que, le vingt-six mai 1478, le roi fit crier à son de trompe, dans tout Paris, qu'il défendait sous peine de la vie, de tenir des assemblées soit la nuit, soit même le jour ; des ordres furent donnés à tous les maris de retenir leurs femmes et de s'opposer à ce qu'elles s'ameutassent au couvent des Cordeliers. Mais, en même temps, le peuple criait aussi : « Ah ! si le roy entendoit le bon frère Fradin, il verroit comme il est mal adverti. »

Il fut un instant question de faire payer cher à cet intrépide prédicateur, son très grand zèle ; mais on craignit le peuple. Cependant, le premier juin suivant sortit à l'instance du roi, un arrêt du parlement, et le premier président se rendit au couvent pour signifier au frère Fradin un arrêt de bannissement du royaume, lequel plein de la conscience de sa vertu obéit et retint même le peuple de commettre des excès. Il partit accompagné de plusieurs religieux de son ordre : *On vit une grande quantité de po-*

pulaire, disant de merveilleuses choses, criant et soupirant moult fort son déportement (1).

Il avait résolu d'aller finir ses jours à Jérusalem. La Providence en décida autrement ; car en 1480, arrivé en face de Rhodes, il apprend que Mahomet empereur des Turcs se préparait à l'assiéger ; sans hésiter il se jette dans la place, qui ne tarda pas d'être menacé de très près. Il fit tant et si bien, qu'animé d'une sainte et majestueuse valeur il parcourt les rangs de ces nobles et généreux chevaliers, leur parle, et son discours est un modèle d'éloquence guerrière. Pendant tout le temps que dura ce siége, on le vit toujours le premier sur la brèche. C'est ainsi que tous ceux qui étaient enfermés dans cette forteresse, enflammés par les paroles et les actions du Cordelier, et pleins de la fureur du Dieu des armées, repoussèrent et vainquirent les ennemis du nom chrétien.

M. d'Aubusson, grand maître de Rhodes, fit bâtir à l'illustre Fradin ainsi qu'à ses compagnons un superbe monument.

(1) Voir le père Fodéré, *Histoire des couvents des Cordeliers*, page 322.

Chevaliers de l'Arc et de l'Arquebuse.

Ces deux compagnies furent instituées à Villefranche il y a plus de quatre siècles, et autorisées par plusieurs lettres-patentes de nos anciens rois, confirmées par celles du mois de janvier 1730, enregistrées au parlement de Paris et en la cour des Aides, les 14 et 23 avril 1731. MM. les maires et échevins, capitaines nés de ces deux jeux, tiraient le coup d'honneur aux deux prix royaux, qui se représentaient chaque année le premier et le second dimanche du mois de juin. Rappelons ici les noms des officiers et chevaliers de l'Arc et de l'Arquebuse avant la première révolution.

Chevaliers de l'Arc :

MM. Butty, *roi.*
    Chatelain-Dessertines, procureur du roi, *capitaine.*
    Préverand de Pombreton, *guidon.*
    Chasset, *major.*
    Gourdan chanoine, *aumônier.*
    Buyron aîné, *trésorier.*

Chevaliers de l'Arquebuse :

MM. Lièvre de Givray, *roi.*
Humblot, *capitaine.*
Lièvre, *guidon.*
Gourdan chanoine, *aumônier.*
Joudioux aîné, *trésorier.*
Butty, *secrétaire.*
Ajacques dit Lagrange, *armurier-marqueur et garde de l'arsenal.*

Le principal objet de cette réunion, consistait à tirer un oiseau que l'on plaçait sur un but élevé. Celui qui le mettait à bas, était proclamé roi de la fête. On ne rêvait que de cette réjouissance si impatiemment attendue. Aussi, le jour arrivé, le nombre des personnes qui se rendaient à Villefranche formait un concours immense ; les fronts respiraient la gaîté, les cœurs étaient épanouis : on dansait, on faisait bonne chère. Les meilleurs vins du Beaujolais coulaient à grands flots ; au choc des verres, aux éclats de la joie, on saluait le nouveau roi : en un mot, ces fêtes étaient vraiment royales.

Aujourd'hui, il ne reste plus rien de ces nobles jeux, de ces belles réunions, qui entretenaient entre tous les membres de ces sociétés l'harmonie et la concorde.

A cette époque, on aimait à jouer au *Roi* : ce titre seul excitait bien des ambitions jalouses de posséder pendant un an les honneurs, les priviléges et les charges de cette royauté, dont le sceptre ne coûtait ni larmes, ni soupirs, et qui était très léger dans les mains de celui qui le portait. L'obligation où l'on était de recevoir à cette époque, entretenait une heureuse camaraderie.

Le Collége.

L'ancien collége de Villefranche était en grande réputation dans le XV° siècle : on y enseignait toutes les classes jusqu'en philosophie. Mais, cet établissement fut promptement débordé lorsque parut une société fameuse, qui semble destinée à remuer le monde jusque dans ses fondements (1).

Comme on le voit dans l'histoire de Villefranche déjà citée, parmi les hommes illustres qui en sont sortis, nous mentionnerons les RR. PP. cordeliers de la Rochetailla et Fradin, dont nous avons longuement parlé *(voir pages* 336 *et suivantes)*. Ils ne furent pas les seuls ; car on compte encore l'astrologue Jean-Baptiste Morin, Barthélemy Faye, Claude Guillard, Claude Bourdelin, etc. etc.

Le collége actuel, dépendant de l'Université, à la tête duquel est un homme d'ordre et d'un esprit bien entendu (2), où de nombreux élèves reçoivent une éducation vraiment solide, morale

---

(1) Voir *l'histoire de Villefranche*, dont il a déjà été question.

(2) M. Chapuit.

et religieuse ; ce collége, dis-je, ne serait bientôt plus, si le gouvernement laisse faire, condescend au gré de ceux qui en veulent à nos institutions libérales. Serait-ce un bien, serait-ce un mal ? Nous répondrons que nous sommes trop infimes pour trancher cette question. Cependant, nous regarderions comme funeste pour cette contrée, le jour, où le collége cesserait d'exister.

Disons aussi : que les élèves qui en sortent pour continuer leurs études, soit au grand collége de Lyon, soit ailleurs, occupent parmi leurs nouveaux condisciples, des places très distinguées.

De plus, lorsque les nombreux élèves de cet établissement universitaire passent dans nos rues, sur nos places publiques, partout on remarque leur excellente tenue, un air modeste qui n'a rien d'affecté ; ils portent surtout sur leurs physionomies l'empreinte d'une santé florissante, ce qui pour des jeunes gens est très précieux ; car cela prouve de plus que, si l'on soigne avec zèle et intelligence le développement de l'esprit, on est loin de négliger l'accroissement des forces physiques.

BELLEVILLE-SUR-SAONE.

Comme Belleville faisait autrefois partie de l'ancien archiprêtré d'Anse ; nous nous étions proposés d'en dire deux mots, et de décrire l'église très remarquable qu'on admire dans cette ancienne cité romaine (LUNNA). Mais, M. l'abbé Chambeyron ayant, tout récemment, publié là-dessus une histoire complète et pleine d'intérêt, nous avons cru devoir renoncer à notre projet. Qu'eussions-nous pu dire de nouveau ? rien. L'auteur que nous venons de citer, n'a pas même laissé à glaner après lui.

CHAPITRE III.

QUELQUES RÉFLEXIONS SUR LE CANTON D'ANSE, ET SUR LES MOEURS ET COUTUMES DE SES HABITANTS.

Le canton d'Anse est bien certainement le plus petit de France ; mais il est en même temps l'un des plus riches. Les terres y sont d'une grande fertilité, les débouchés très faciles ; et tout, en un mot, y concourt au bien-être de la vie.

L'habitant de cette contrée, dont l'existence est toute rustique, ne se livre pas qu'à un seul genre d'agriculture. Les coteaux sont, pour la plupart, couverts de vignes ; et la plaine, formée de terrain d'alluvion, très féconde, produit des blés en abondance. Il est très rare que les deux récoltes manquent simultanément.

Ici, le vice dominant, s'il faut s'exprimer de la sorte, est de posséder ce qui est : prés, terres et vignes. Il est vrai de dire que, le peu de confiance qu'inspire un autre mode de placement du numéraire, en est peut-être la cause.

Ainsi donc cette heureuse et si faible portion de la France, travaillée avec ardeur et intelligence, donne d'immenses produits.

De plus, le vigneron au moment où la vigne cesse de réclamer ses plus grands soins, à l'époque de la moisson, descend dans la plaine ; et, durant moins d'un mois et demi d'un travail assidu, trouve là le blé nécessaire à la subsistance de sa famille.

C'est pour cela qu'il y a peu de malheureux ; car il est certain que celui qui est considéré comme tel, passerait pour un être comblé des bienfaits de la nature, si, avec les mêmes moyens d'existence, il habitait certaines localités, moins bien favorisées des cieux.

Une partie de ce territoire est arrosé par la Saône et par la rivière de l'Azergues ; quoique la première soit sujette à de fréquents débordements, qui font de sa rive droite une espèce de marais, on n'y sent point le marécage ; l'air n'y est pas humide et malsain, la vivacité qu'il tire de son élévation sur le coteau, l'empêche de rester longtemps chargé de miasmes délétères. Les brouillards cèdent, pour l'ordinaire, à l'action du soleil à mesure qu'il s'élève.

C'est à peu près partout le même aspect : on découvre çà et là, avec peu d'égalité, quantité de bourgs, villages, hameaux, demeures splendides, des rivières, des prés, des montagnes couvertes de beaux vignobles ; le tout si riche, si verdoyant, si vivant, si riant, qu'il est impossible de supposer dans le monde un pays où la divine Providence aurait prodigué ses dons en plus grande abondance. Comme on rencontre partout des habitations, on croirait voir de loin une ville immense : c'est ainsi que l'ancienne Rome était dispersée sans ordre et sans symétrie.

Les hommes sont d'une taille élevée, surtout ceux qui habitent les coteaux ; ils ont en général les yeux gris, portent les cheveux très courts, sont vifs, robustes, doués d'un tempérament sanguins. Quoique bien faits, ils ont un peu les pieds et les genoux en dedans : cela vient, sans doute, de la manière dont ils cultivent la vigne. Comme ils sont presque tous propriétaires, ils foulent la terre avec orgueil et fierté. De même que la plupart des habitants des campagnes, ils sont superstitieux : et sans être méchants, ils aiment (les hommes surtout) à s'entretenir de commérages.

Cependant, il se peut même qu'ils soient beaucoup aimans, sensibles, bons patriotes ; néanmoins, ils ne semblent avoir nul goût pour l'état militaire. Pouvant presque tous faire des remplaçants, ils s'affranchissent de cette obligation.

Ils sont peu processifs : ce canton est celui de toute la France qui fournit le moins de causes aux tribunaux.

Les femmes, quoique d'une beauté peu remarquable (on dit qu'elles ont dégénéré), ont les traits réguliers ; laborieuses jusqu'à l'excès, assez peu portées au luxe et à la vanité.

Les jeunes filles ont beaucoup de liberté, mais elles en font sagement usage ; il est peu de contrées où il existe moins de dévergondage dans les mœurs.

De même que l'homme, la femme vivant au milieu des champs, jamais dans le désœuvrement, a l'esprit peu orné : et malgré que la nature lui impose une vie casanière et sédentaire, elle n'en contribue pas moins, ainsi que l'homme, à augmenter par des travaux continuels leur vigueur, que la nature leur a rarement refusé.

Il ne se fait ici d'autre commerce que celui des vins, qui ont beaucoup d'alcool, sont de bonne qualité et d'une couleur surtout très foncée : ce qui les fait rechercher par les marchands de vin, qui les mélangent avec ceux d'une qualité bien inférieure et les livrent ainsi à la consommation des villes voisines.

Il ne régne nulle autre industrie : en vain a-t-on cherché, à diverses époques, à en introduire d'autres, on n'a jamais pu y réussir. Dans les années 1809 et 1810, des fabricants de la montagne, voulurent essayer d'établir, à Anse, des métiers propres à fabriquer la mousseline, personne ne voulut sérieusement profiter de cet avantage. L'entreprise dura à peine deux ans, et les beaux projets des négociants s'évanouirent avec leur argent.

Quelque temps avant l'époque que nous venons de citer, M. de Méximieux, de respectable mémoire, dont les vues philanthropiques s'attachaient à tout ce qui pouvait faire le bonheur des habitants de cette contrée, fit de grandes dépenses pour implanter dans ce pays plusieurs branches d'industrie ; mais il eut le déplaisir de voir que tout ce qu'il avait entrepris, n'eut aucun succès.

Cependant, nous le répétons, les habitants de ce canton sont d'habiles cultivateurs qui jouissent d'une certaine aisance. Aussi, en mourant, ils laissent pour la plupart un avoir d'une valeur le plus souvent au-dessus de vingt mille francs. Leurs enfants, avec la part qui leur revient de cette somme, commencent leur petite fortune qui arrive presque toujours au même résultat.

On ne voit ni lande, ni champs incultes, tout s'anime sous la main du laborieux cultivateur ; il s'attache à une culture de peu d'étendue, y met tous ses soins et trouve toujours le fruit de ses labeurs. Il en résulte que le moindre habitant qui n'a pas de graves défauts, est dans un état d'aisance qui le met dans le cas d'élever sa famille, de faire des économies, et par sa grande persévérance au travail, ne courant point après les chances hazardeuses du commerce, quoiqu'il ait souvent une nombreuse famille, il se met toujours dans le cas d'augmenter son patrimoine. Les enfants, dès l'âge le plus tendre, accoutumés au travail des champs, sont pour leur père une nouvelle source de prospérité. On ne s'étonnera plus si l'ambition de l'homme des champs ne va pas, ici, plus loin.

Les habitations régulières au dehors, sont de peu d'importance à l'intérieur ; on préfère avant tout posséder des caves grandes, bien pleines, et des greniers abondamment garnis.

Il existe un ancien usage qui fait que, dans la plupart des familles, un seul enfant est mieux partagé sous le rapport de la fortune que ses autres frères et sœurs. Cette coutume, le plus souvent injuste, semble néanmoins un peu disparaître ; lorsqu'elle cessera d'exister, une heureuse harmonie entre tous les enfants d'un même père et d'une mère règnera alors.

La jeunesse reçoit une éducation suffisamment en rapport avec l'état de cultivateur ; car, outre l'art de lire et d'écrire, on lui enseigne un peu d'arithmétique, les premières notions de géométrie, le dessin linéaire, un peu de géographie, d'histoire des peuples, etc., etc.

L'accent est très élevé et l'on parle un certain jargon dit patois, qui nous semble assez doux : pour en donner une idée, nous rapporterons une légende qui concerne saint Barnabé, et que vient de nous raconter un habitant de Marcy.

« In l'an 1730, Flebar Gotenoire, ète prêtre
» à Marcy, y ète de plus n'assé bon homo, mé
» l'omove on pu l'ardzin ; y e pre sin que devant
» selon la cotume de recito la mesa pre la feta
» de saint Barnabé, qui, de même que saint
» Médord et saint Jarvé, no promettant le
» bon ou le mové tin, comme on in a la
» preuva in 1845, Y ne voli po la dere sin
» etre paya (din cly tin y é tové dja comme sin).
» Y se n'ali donc à Dsorna. Mé etant arevo u
» Tchevroné, n'offruze gréla tzsi su Marcy et im-
» porti tota la recourta. La pouvro obé fut li
» meme accablo pe la gréla, qui l'aveugli, Son
» cri ayant eto entendu, on lo rameni ve sa ;
» et, après avoir fa sono lé clyoces pe rassembla
» lo mondo, il demanda pardon à Dju de sa
» conduite ; promi de ne jamé manquo la messa
» in l'honore de saint Barnabé. Se priere ayant
» eto entendu de Dju, la vuya li fi reudu. » Ce qui veut dire :

« En l'an 1730, Philibert Goutenoir, était
» prêtre à Marcy, et était de plus un assez
» bon homme ; mais il aimait un peu l'argent.
» C'est pour cela que devant, selon la coutume,

» réciter la messe en l'honneur de saint Bar-
» nabé, qui, de même que saint Médard et
» saint Gervais, nous promettent le beau ou le
» mauvais temps, comme on en a la preuve en
« 1845, il ne voulut pas la dire sans être payé.
» (Dans ce temps-là, c'était déjà comme ça...)
» Il s'en alla donc à Charnay. Mais étant arrivé
» au Chevronnet, une affreuse grêle tomba sur
» Marcy, et emporta toute la récolte. Le pauvre
» abbé en fut lui-même aveuglé. Ses cris ayant
» été entendus, on le ramena chez lui ; et,
» après avoir fait sonner les cloches, il demanda
» pardon à Dieu de sa conduite, promit de ne
» jamais manquer de dire la messe en l'honneur
» de saint Barnabé. Sa prière ayant été enten-
» due de Dieu, la vue lui fut rendue. »

Une funeste habitude, qui semble s'emparer de tous les Français, existe presque généralement parmi les habitants de ce canton : nous voulons parler de la prodigieuse consommation des tabacs. Il est vrai que, depuis que nos députés s'occupent avec un zèle ardent de gratifier d'un bureau de tabac le plus petit village, le moindre gamin a vraiment aujourd'hui la prétention en fumant, d'imiter une machine à vapeur. Les priseurs ne sont guère moins nombreux : de plus, il en est qui sont d'une malpropreté repoussante. Il n'est pas rare de voir des nez, si l'on ose s'exprimer ainsi, ressembler en quelque sorte à des cheminées mal ramonées. Qui pourra mettre un frein à de tels abus ? si nuisibles à la santé et en même temps si dispendieux pour la plupart des amateurs. Il n'y a pas trop d'exagération de dire, que cet ingrédient agit sur les Français de même que l'opium sur les Chinois.

Si nous ne craignions pas de sortir du cadre que nous nous sommes tracé, nous prouverions, de la manière la plus claire, que le tabac est une véritable peste publique qui réagit d'une manière fâcheuse sur le moral et sur le physique de tant de victimes.

Une coutume bizare, qui remonte aux siècles les plus reculés, fait que les jeunes gens se rassemblent lorsqu'ont lieu des fiançailles. C'est alors que, chantant et vociférant, ils se présentent, tambour en tête, au domicile où se trouvent réunis les futurs époux, parents et amis, sous prétexte de les complimenter, mais bien plutôt afin d'en obtenir de l'argent, des volailles, etc., etc. pour se divertir en leur honneur. Ces divertissements sont parfois trop excentriques, et vont au-delà de tout ce qu'on pourrait supposer.

Dans certains villages, si un jeune homme d'une commune voisine prétend y épouser une fille, c'est alors que les exigences sont grandes. Si c'est un veuf, et surtout s'il prend une femme veuve, cela se complique. Dans tous les cas, on boit, on mange, quelques-uns avec un tel excès, que plusieurs en sont même morts. Nous même, il n'y a pas encore bien longtemps, fûmes appelés comme médecin pour donner des soins à deux jeunes gens qui, n'ayant pas encore la force de supporter un repas aussi pantagruélique, seraient sans doute morts, s'ils n'eussent point été secourus assez tôt.

Lorsqu'ils sont une fois à table, que les têtes commencent à s'échauffer, il est impossible de se faire une idée de tout ce qui se passe alors, les propos qui se débitent, les chansons qui se chantent, et quelles chansons, grand Dieu !...

Mais, ce qu'il y a de plus pénible, c'est lorsqu'après avoir fait d'amples libations, etc., ils daignent recevoir les fiancés. Le futur, vivement ému, tenant d'une main la somme exigée, de l'autre un flambeau ; la future, un plat rempli de dragées, dans lequel on remarque une cuillère, et tandis que le fiancé tient la chandelle, chaque garçon embrasse son accordée et prend ensuite dans le plat une cuillerée de bonbons. Non, je ne connais guère de position plus pénible pour une jeune personne, excepté cependant pour la reine d'Angleterre, lors de la cérémonie de son couronnement : elle est baisée au front ou sur la joue par les membres de la chambre des lords qui ont pour la plupart, des figures grotesques et culottées.

Enfin, ce qu'il y a de plus fantasque et singulier, c'est lorsqu'arrive le tour de celui qui passe pour avoir été l'amoureux de la fiancée; celle-ci lui présente la plus grosse bête, quelquefois un veau ou un mouton, le plus souvent un dinde; mais il ne tarde pas de s'évanouir sitôt que les autres jeunes gens lui ont offert un énorme bouquet, dont la plus belle fleur est un chou entouré d'oignons, d'aulx et de plantes aromatiques. Puis, les cris, les vociférations redoublent; on danse un véritable galop infernal, en chantant :

« Plulré plulré mon nyouguo,
» To bin de quia plulra ;
» Ta vio na jouilla meya
» Te no po su la gardo.
» Tin fera bin u nâtra
» Mé que ne la voudra po
» Tro lo lo lo de ro lo lo. »

Ce qui veut dire : « Pleure, pleure mon ni-
» gaud, tu as bien de quoi pleurer ; tu avais
» une jolie amie, tu n'as pas su la garder ; tu
» en feras bien une autre, mais qui ne la vau-
» dra pas. »

Enfin, ils le relèvent, le portent sur leurs épaules, parcourent ainsi le village en tout sens, répétant leurs bruyants refrains. Mais ce qu'il y a de réellement bien pénible, c'est d'entendre aussi les cris qu'ils font pousser aux pauvres volailles, qu'ils ont la cruauté de plumer vivantes..... Heureux si d'autres désordres plus graves ne surgissent pas, ce qui a presque toujours lieu lorsqu'on ne les satisfait pas pleinement.

Croira-t-on après cela que nous vivons au 19e siècle ? Si l'on n'y met ordre, serons-nous longtemps encore forcés de subir ces barons d'un nouveau genre, cent fois plus redoutables, ma foi, que les nobles déprédateurs du moyen-âge ? Qui pourra jamais oublier le trop fameux charivari de Morancé, et tant d'autres, et tant d'autres. Si nous n'étions pas honteux de descendre dans le détail de ce qui se passa alors ; si surtout nous ne craignions point d'exciter des colères, qui sont loin d'être entièrement apaisées, nous nous exprimerions avec plus de virulence.

Cependant, n'est-il pas nécessaire de livrer ces coutumes barbares à l'opinion, afin qu'elles soient méprisées comme elles méritent de l'être ?

Il faut, de toute nécessité, que ces abus qui troublent les familles et le repos public, disparaissent et ne souillent plus cette contrée, où elles sont depuis trop longtemps en usage ; ou, faudra-t-il disposer ses habitations en forteresses et s'armer de pied en cap, pour repousser de telles agressions ?

Nous ne doutons pas que quand l'autorité voudra y tenir sérieusement la main, on aura rien de semblable à déplorer. Ce qui le prouve, c'est qu'à Anse, comme partout, où il y a une administration ferme et éclairée, une grande amélioration en est résulté. Il est vrai de dire que depuis bien des années, la jeunesse de cette ville s'y fait remarquer par sa belle et digne conduite.

Le costume des hommes n'a rien de bien remarquable; ils affectionnent cependant la veste et le pantalon de velours.

Les femmes portent, les jours de fêtes, une coiffe riche et gracieuse, qui se compose de dentelles assemblées avec une certaine originalité. Placée sur la tête, comme le coq porte sa crête, elles laissent échapper de dessous des petites boucles de cheveux, qui ajoutent beaucoup à leur parure.

Le plus beau jour est bien, sans contredit, celui où se fête le patron de la paroisse. (*Voir pour cela à la page* 145 *et suivantes.*)

Nous avons dit, en commençant ce chapitre, que les habitants de cette contrée étaient superstitieux, qu'ils croyaient aux sorciers, etc. etc. Ils ressembleraient en cela à beaucoup d'autres.

Que d'aventures plus ou moins grotesques, quelquefois tragiques, dont nous connaissons les plus grands détails, que nous pourrions raconter.

Cependant, après avoir été tant de fois trompés, pourquoi ne se tiennent-ils pas en garde contre de semblables sottises. Ah! si nous étions curé de campagne, nous leur dirions souvent cela :

« Laissez un peu de côté le diable qui ne vous
» peut rien, et gardez votre argent pour vos
» besoins. Quand les sorciers ou le diable, si
» quelqu'un prend ces noms à vos yeux, offri-
» ront de vous *servir gratis*, de lever vos *sorts*
» ou de guérir votre bétail, écoutez-les si cela
» vous plaît. Mais quand on vous demandera
» des denrées ou de l'argent, dites-vous bien
» vite : Voilà un fripon, et tenez-vous en
» garde. »

FIN.

TABLE DES MATIÈRES.

PREMIÈRE PARTIE.

Chap. I.er Origine d'Anse. -- Jules César fait la guerre à la Gaule Chevelue. -- Il fait construire un camp fortifié. -- Description des fortifications romaines. -- Remparts du moyen-âge placés autour de la ville. — Édit de Louis XIV concernant les remparts. — Suite de la guerre des Gaules. -- Perfidie du traitre Ambiorix. -- Châtiment terrible. -- Bona patria, mala gens. Bon pays, mauvaises gens. 1

Chap. II. Mort de Jules César. -- César Auguste entreprend de faire un voyage dans les Gaules. -- Raisons péremptoires qui durent le décider à venir habiter Asa Paulini plutôt que Lyon. -- Licinius, Gaulois d'origine. -- Plusieurs suppositions très vraisemblables. -- Bruits qui circulèrent dans Rome à l'occasion du voyage d'Auguste. -- Le palais de Licinius. -- Les grandes richesses qu'il contenait. -- Preuve certaine qu'il y avait déjà de la vigne dans ces pays du temps des premiers empereurs romains. -- Harangue de l'empereur Claude au sénat de Rome. -- Combat entre Sévère et Albain. -- Deux mots sur le christianisme. 23

Chap. III. Saint-Romain d'Anse. -- Les moines conservateurs des arts et des sciences. — Invasion des Sarrasins. — Analogie entre Charlemagne et Napoléon. — Église et cimetière de Saint-Romain. — Monuments qui y furent découverts. — Pierre tumulaire de la jeune Proba. 39

Chap. IV. Conciles tenus à l'église de Saint-Romain d'Anse, au nombre de huit. — Le 1.er en 994. — Le 2.e en 1025, où saint Odilon se fit surtout remarquer. — Le 3.e en 1070, où présida Hugues de Die. — Le 4.e en 1076. — Le 5.e en 1100, fut présidé par saint Anselme, archevêque de Cantorbéry. — Donation faite des domaines de Quincieux, Bully et Ambérieux à saint Thomas, pendant son exil. — Ces domaines passèrent ensuite en succession à l'église de Cantorbéry. — Le 6.e en 1107. — Le 7.e en 1112, où nos archevêques de Lyon prirent le titre de primat des Gaules — Le 8.e présidé par Henri de Villards en 1299. — On y publia 20 canons. — Henri de Villards jette un interdit sur son diocèse ; ce dernier est forcé de fuir auprès du pape Boniface VIII. — Mort d'Henri de Villards. . . 57

Chap. V. Le four banal d'Anse. 83

Chap. VI. L'église d'Anse. — Une révolution de femmes survenue le 7 ventôse an XI de la république française. 95

Chap. VII. La chapelle de saint Cyprien. — L'abbaye de Brienne. — Sa chapelle. — L'église de saint Martin. — Saint Cri. 111

Chap. VIII. Le château d'Anse, autrefois des comtes de Lyon. 121

Chap. IX. Le pont d'Anse. — Celui d'Ambérieux. — L'Azergues. — Endiguement de la Saône, rive droite, depuis Frans jusqu'à l'embouchure de l'Azergues. 131

Chap. X. La vigne des garçons. -- La saint Abdon.
-- Fêtes qui ont lieu à cette époque. 141

Chap. XI. L'hôpital d'Anse. 151

Chap. XII. Évènements de 1814. -- Entrée des Autrichiens à Anse. 153

Chap. XIII. Hameau de Grâves. -- Les communaux. -- Collége. — École. -- Foires. -- Anciens fiefs. — Sources. -- Carrières de pierres. -- Dernières réflexions sur la ville d'Anse. 159

DEUXIÈME PARTIE.

Chap. I.er Inondations de l'Azergues et de la Saône. -- Inondation survenue sous Childebert II en 580. -- Plusieurs historiens qui en font mention, sont peu d'accord sur sa date. — Inondation de 1196. -- Suspension d'armes entre Richard cœur-de-lion et Philippe Auguste. -- Inondations de 1268, 1301, 1408, 1584, 1602 et 1606 ; cette dernière fut des plus terribles. -- Froid très grand. -- Curieux évènement concernant un simple ouvrier nommé Besson. -- Inscriptions conservées à Saint-Bernard. -- Celles de 1667 et de 1711. -- Inondation de 1840. -- Ce qui arriva de remarquable à Chazay. -- Proclamation de M. le sous-préfet de Villefranche. 175

Chap. II. Noms des villes et des villages dont il est question dans cette deuxième partie. -- Alix. -- Ambérieux-d'Azergues. -- Charnay et Belmont. -- Chassagne (la) et Saint-Cyprien. — Châtillon. -- Chazay. — Liergues. -- Lucenay. -- Marcy. -- Morancé. -- Pommiers. --Pouilly-le-Monial et Pouilly-le-Châtel. — Quincieux et ses hameaux. — Theizé et ses hameaux. — Villefranche : L'église Notre-Dame-des-Marais, le Couvent des Cordeliers, les Chevaliers de l'Arc, le Collége. — Belleville. . 199

Chap. III. Quelques réflexions sur le canton d'Anse, et sur les mœurs et coutumes de ses habitants. . 347

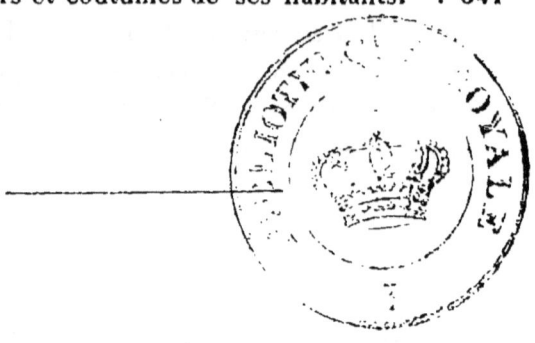

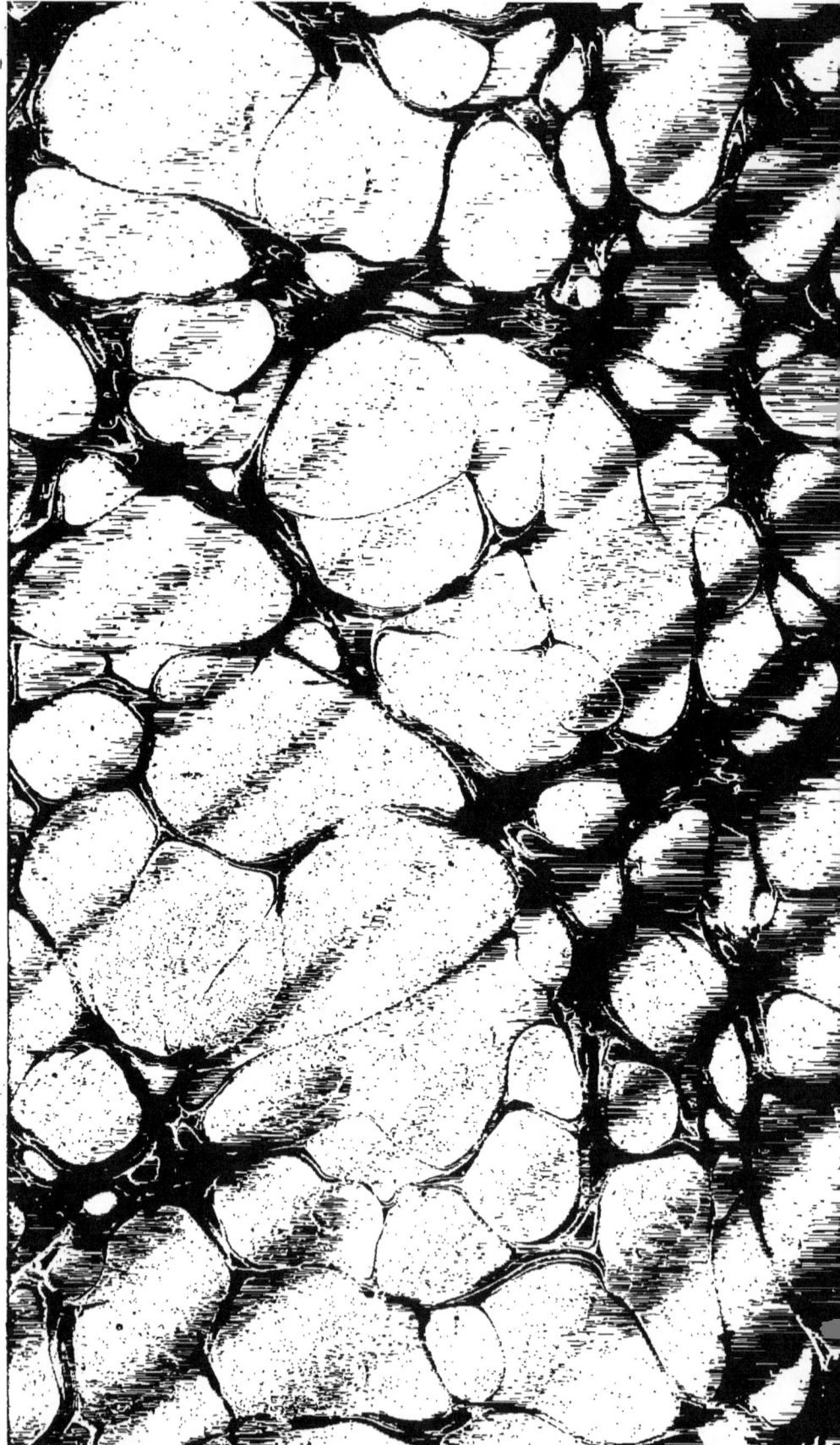

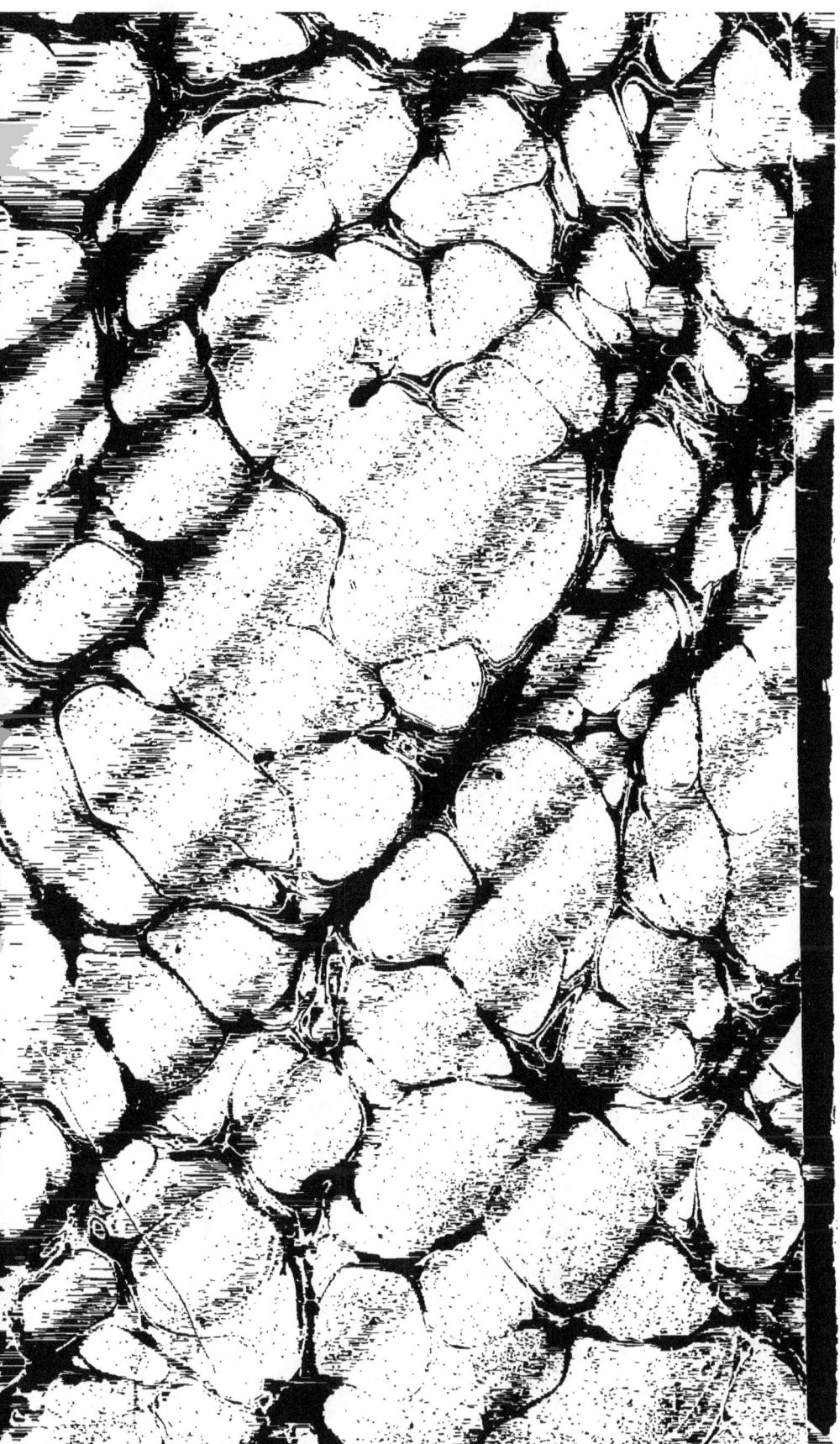

www.ingramcontent.com/pod-product-compliance
Lightning Source LLC
Chambersburg PA
CBHW070435170426
43201CB00010B/1101